NOUVEAU SYSTÈME

TYPOGRAPHIQUE,

Dont les Expériences ont été faites en 1775, aux frais du Gouvernement, par Don Francifco Barletti de Saint-Paul, *ancien Secrétaire du Protectorat de France en Cour de Rome.*

NOUVEAU SYSTÈME TYPOGRAPHIQUE,

OU

Moyen de diminuer de moitié, dans toutes les Imprimeries de l'Europe, le travail & les frais de *Composition*, de *Correction* & de *Distribution*, découvert en 1774, par M.me de***

Frustra fit per plura quod potest fieri per pauciora.

A PARIS,
DE L'IMPRIMERIE ROYALE.

M. DCCLXXVI.

AU ROI.

SIRE,

L'HOMME de génie dont les veilles étendent le progrès d'un Art dans sa naissance, doit être jugé le véritable Inventeur. Mais l'honneur d'une découverte à laquelle je n'ai que très-peu contribué, m'appartînt-il effectivement, il me flatteroit toujours bien moins, que celui de voir paroître sous les auspices de VOTRE MAJESTÉ, *le résultat des expériences faites par ses ordres, & de prouver,* SIRE, *à l'Europe entière, qu'après le bonheur de vos Peuples, le soin de leur gloire est ce qui vous intéresse davantage.*

Je suis avec la plus vive reconnoissance & le plus profond respect,

SIRE,

DE VOTRE MAJESTÉ,

La très-humble, très-obéissante & très-soumise servante,
* * *

AVERTISSEMENT.

L'OUVRAGE manuscrit dont nous supprimons ci les Tables de calculs, parce qu'elles ne peuvent ntéresser le Public, a été remis au Contrôle général, n sortant des mains de deux Commissaires nommés our en rendre compte. Ces Commissaires sont M. Desmarets, de l'Académie Royale des Sciences; & M. Barbou, Imprimeur. Voici la conclusion de eur rapport.

.... « Nous nous contenterons de dire ci que M. de Saint-Paul a rempli les engagemens qu'il avoit contractés avec le Gouvernement; que ses xpériences projetées ont été conduites avec beaucoup le méthode & d'intelligence de sa part; & que par les calculs longs & pénibles, qui sont le fruit d'un grand nombre de combinaisons raisonnées, il en a léduit plusieurs résultats qui méritent d'être proposés ux Artistes, & qui nous paroissent propres à éclairer a pratique de l'Imprimerie actuelle, & à en abréger

» certainement les procédés. . . . . Son projet
» ne peut que gagner aux contradictions qu'il essuiera,
» sans doute, de la part des gens de l'Art. A Paris,
le 8 Janvier 1776. »

EXPLICATION

EXPLICATION DES TABLEAUX

Qui composent le Manuscrit remis au Contrôle général, & du Systême d'après lequel ils ont été dressés.

'ANTIQUITÉ des usages les rend tous également sacrés : il n'y en a point de vicieux ni d'absurdes s'ils sont anciens. Malheur au téméraire qui ose en démontrer le ridicule, ou tenter de les abolir ! Nos mœurs à cet égard diffèrent peu de ce qu'elles étoient dans les temps d'ignorance : Descartes, Bacon, Wolff n'ont pas été beaucoup mieux traités que Confucius, Pythagore & Galilée. Prétendre qu'il reste encore quelque chose à découvrir, est un crime que peu d'hommes ont le courage de pardonner. J'ai vu les fureurs de la cabale poursuivre & perdre un Auteur qui, sans attaquer le savoir des Membres de nos Universités, disoit comme M. Rousseau, & le prouvoit davantage, que *les Colléges sont des établissemens manqués & vraiment risibles.* Je ne ferai donc point étonné si les Artistes même qui se distinguent le plus dans la Typographie, refusent d'abord leur suffrage au systême que je présente. Le jugement du Public décidera s'il le mérite, & si les preuves que j'ai rassemblées, & dont je vais rendre compte, sont réellement aſſez victorieuſes pour détruire ce reſpect d'habitude qu'on accordera long-temps encore à la méthode ordinaire.

L'engagement que j'ai contracté, d'après la découverte de Madame de*** ſe borne à diminuer d'un tiers le temps que l'on emploie, par l'ancien uſage, à *compoſer, corriger* & *diſtribuer (a).* Il s'agit aujourd'hui d'examiner les moyens que je prends pour y parvenir, & la nature des principes ſur leſquels ils ſont fondés.

Les vrais principes de la *compoſition* ne ſont autres dans notre Langue, que ceux de la Lecture. Une dénomination de lettres, mieux raiſonnée, & la connoiſſance de tous nos ſons & des différentes manières de les peindre, offrent le ſyſtème le plus avantageux & le plus ſimple. Si je nomme *beu* la première de nos conſonnes, qu'elle ſoit ſuivie d'un *e,* d'un *ent,* d'un *es,* d'un *eu,* d'un *œu,* ſa valeur ſera toujours la même. Qu'une voyelle ſoit précédée ou ſuivie d'une ou de deux autres voyelles, ſa repréſentation différente ne donnera toujours qu'un ſon ſemblable. Il en eſt de même des naſales, des diphtongues, de quelques ſons particuliers, comme l'*e* muet marqué, bref ou long; du *ch* dur ou doux, du *gn,* du *il* mouillé, &c.

Ce ſyſtème dont nous ſommes redevables, depuis plus d'un

(a) C'eſt ainſi que je m'exprime dans le Mémoire recommandé de la part du Roi au Miniſtre chargé des finances à cette époque: « Le ſecret » ne concerne ni la réforme des » différentes manières de peindre les » ſons eſſentiels à notre Langue, ni » le papier, ni le tirage. Il conſiſte dans le ſeul gain du temps & des « frais de la main-d'œuvre primitive. « En l'adoptant, il y auroit un tiers de « différence ſur la durée du travail, & « le ſalaire de l'Ouvrier, c'eſt-à-dire, « qu'on épargneroit un tiers pour la « *compoſition*, un tiers pour la *correction,* « un tiers pour la *diſtribution.* »

ſiècle, à M.rs de Port-Royal, eſt preſque généralement adopté pour la Lecture. L'on voit par-tout des Typographes en bourlet parcourir un bureau de deux cents *caſſetins*, & s'y reconnoître ſans peine: mais le principe qui les guide, reſſerre trop les avantages qu'on en peut tirer dans l'Imprimerie; il a fallu m'ouvrir une route nouvelle: je m'explique.

Les ſignes repréſentatifs de la parole peignent des ſons, & forment des ſyllabes. S'il étoit poſſible de *compoſer* par ſyllabes, ſi cette ſorte de *compoſition* pouvoit être appuyée de quelques règles, & n'exiger qu'une *caſſe* deux ou trois fois plus grande que celle dont on ſe ſert dans toute l'Europe, il eſt certain que le vœu de M. Fournier le jeune ſeroit accompli *(b)*, & qu'on gagneroit les ſept-huitièmes du temps néceſſaire pour *compoſer, corriger* & *diſtribuer* un ouvrage quelconque. Mais le ſyſtème des ſons eſt ſeul praticable & raiſonné. Puiſque les lettres *mment, ment, ſſent*, &c. ne

(b) « Si l'on avoit, dit-il, *Dictionnaire Encyclopédique, aux mots* » Caractères d'Imprimerie, *tome II*, » autant de petits caractères en relief, » qu'il en peut entrer dans l'écriture, » & qu'on poſſédât l'art de les » arranger comme ils le doivent être » pour rendre l'écriture; de les enduire » de quelque matière colorante, & » d'appliquer deſſus fortement du » papier, de manière que ce papier » ne ſe chargeât que des figures des » caractères diſpoſés, *on auroit l'art le plus utile qu'on pût deſirer.* »

Ce paſſage de M. Fournier n'eſt pas fort clair. Il a voulu dire ſans doute, qu'une telle découverte diminuant le travail & les frais de l'impreſſion, amèneroit auſſi le rabais du prix des livres, & ſeroit ſur-tout très-précieuſe, pour les Édits, les Arrêts, les Mémoires, ainſi que pour tous les Ouvrages volumineux qui ne ſortent de deſſous preſſe, qu'après avoir coûté des ſommes conſidérables.

valent pas plus que le *m*, le *n*, le *ſ* ſimples, &c. il étoit facile d'imaginer qu'elles devroient être réunies, comme le ſont les deux *ff* & l'*i*, les deux *ff* & le *l*; les deux *ſſ* & l'*i*, &c. Il étoit naturel encore d'aller au-delà, & de ſentir que poſſédant les *ligatures* de deux, trois, quatre ou cinq lettres qui n'ont que la valeur d'une ſeule, il ſeroit ſouvent avantageux de négliger l'orthographe de l'oreille pour ſuivre celle de l'œil; c'eſt-à-dire, de compoſer, par exemple, les mots ſuivans,

de cette manière qui ſecoue le joug de la règle des ſons :	*Nombre d'opérations.*	*tandis qu'on doit les former ainſi ſuivant la véritable méthode :*	*Nombre d'opérations.*
a-cc-ou-che-ment	5.	a-cc-ou-che-m-ent	6.
aim-oient	2.	ai-m-oient	3.
am-it-iés	3.	a-m-i-t-iés	5.
amp-le-ment	3.	am-p-le-m-ent	5.
am-us-em-ent	4.	a-m-u-se-m-ent	6.
anc-iens	2.	an-c-iens	3.
an-im-ées	3.	a-n-i-m-ées	5.
an-im-oient	3.	a-n-i-m-oient	5.
ant-a-g-on-is-tes	6.	an-t-a-g-o-n-i-s-tes	9.
a-rg-um-ent-oient	5.	a-r-g-u-m-en-t-oient	8.
a-ttent-ifs	3.	a-tt-en-t-i-fs	6.
a-ttent-ions	3.	a-tt-en-t-ions	5.
a-ttent-oient	3.	a-tt-en-t-oient	5.
au-g-ment-at-ions	5.	au-g-m-en-t-a-t-ions	8.
au-g-ment-er	4.	au-g-m-en-t-er	6.
aux-il-iai-re-ment	5.	au-x-i-l-iai-re-m-ent	8.
a-v-anc-em-ent	5.	a-v-an-ce-m-ent	6.
b-ou-illon-ne-ment	5.	b-ou-ill-o-nne-m-ent	7.
c-at-h-ol-i-ques	6.	c-a-t-ho-l-i-ques	7.
c-han-an-ée-nnes	5.	c-ha-n-a-n-é-e-nnes	8.
	80.		121.

	Nombre d'opérations.
Ci-contre	80.
ch-ant-eaux	3.
ch-ât-eaux	3.
ch-er-ch-oient	4.
c-omb-in-ais-ons	5.
c-o-mm-and-em-ent	6.
c-om-m-en-ce-ment	6.
c-omp-a-r-ais-ons	6.
c-omp-os-oient	4.
c-ond-it-io-ne-lle-ment	7.
c-ond-ui-tes	4.
c-ons-ent-em-ent	5.
c-ons-ist-ent	4.
c-ons-ist-oi-re	5.
c-ont-est-at-ions	5.
c-ont-in-ue-lle-ment	6.
c-ont-in-uoient	4.
c-ont-r-ai-res	5.
c-op-ieu-se-ment	5.
c-ou-vent	3.
c-uis-in-ier-es	5.
d-ans-oient	3.
d-em-and-oient	4.
d-és-ol-at-ions	5.
de-ss-eins	3.
d-est-in-ées	4.
d-im-in-uoient	4.
d-im-in-ut-ions	5.
d-is-p-os-it-ions	6.
d-om-in-oient	4.
en-ch-ant-em-ent	5.
en-ch-an-te-re-sses	6.
	224.

	Nombre d'opérations.
Ci-contre	121.
ch-an-t-eaux	4.
ch-â-t-eaux	4.
ch-e-r-ch-oient	5.
c-om-b-i-n-ai-s-ons	8.
c-o-mm-an-de-m-ent	7.
c-o-mm-en-ce-m-ent	7.
c-om-p-a-r-ai-s-ons	8.
c-om-p-o-s-oient	6.
c-on-d-i-t-io-n-e-lle-m-ent	11.
c-on-d-ui-tes	5.
c-on-s-en-te-m-ent	7.
c-on-s-i-s-tent	6.
c-on-s-i-s-t-oi-re	8.
c-on-t-e-s-t-a-t-ions	9.
c-on-t-i-n-ue-lle-m-ent	9.
c-on-t-i-n-uoient	6.
c-on-t-r-ai-res	6.
c-o-p-ieu-se-m-ent	7.
c-ou-v-ent	4.
c-ui-s-i-n-ie-res	7.
d-an-s-oient	4.
de-m-an-d-oient	5.
d-é-s-o-l-a-t-ions	8.
d-e-ss-eins	4.
d-e-s-t-i-n-ées	7.
d-i-m-i-n-uoient	6.
d-i-m-i-n-u-t-ions	8.
d-i-s-p-o-s-i-t-ions	9.
d-o-m-i-n-oient	6.
en-ch-an-te-m-ent	6.
en-ch-an-te-r-e-sses	7.
	325.

	Nombre d'opérations.
De l'autre part....	224.
ent-end-oient	3.
en-th-ous-ias-me	5.
ent-ier-em-ent	4.
é-ques-t-res	4.
gent-illes	2.
G-om-o-rrhe	4.
g-ou-ve-rn-em-ent	6.
hon-teu-ſe-ment	4.
hum-il-iat-ions	4.
in-c-l-in-ais-ons	6.
in-im-it-iés	4.
in-ond-at-ions	4.
ins-out-en-a-b-les	6.
int-e-ll-i-g-en-ces	7.
int-ent-ions	3.
l-ant-er-nes	4.
m-aint-en-ant	4.
m-an-iè-res	4.
m-an-us-c-r-its	6.
m-ille	2.
m-in-ist-res	4.
m-is-er-ic-o-rd-ieux	7.
m-un-it-ion-ai-res	6.
o-rd-in-ai-re-ment	6.
o-rd-res	3.
p-ap-iers	3.
p-op-ul-ai-re-ment	6.
p-res-que	3.
qu-est-ions	3.
r-é-g-ul-iè-re-ment	7.
r-en-v-ers-ées	5.
	363.

	Nombre d'opérations.
De l'autre part....	325.
en-t-en-d-oient	5.
en-th-ou-s-ia-s-me	7.
en-t-ie-re-m-ent	6.
é-q-ue-s-t-res	6.
g-en-t-i-lles	5.
G-o-m-o-rrhe	5.
g-ou-v-e-r-ne-m-ent	8.
hon-t-eu-se-m-ent	6.
hu-m-i-l-ia-t-ions	7.
in-c-l-i-n-ai-s-ons	8.
i-n-i-m-i-t-iés	7.
i-n-on-d-a-t-ions	7.
in-s-ou-te-n-a-b-les	8.
in-t-e-l-l-i-g-en-ces	9.
in-t-en-t-ions	5.
l-an-t-e-r-nes	6.
m-ain-te-n-ant	5.
m-a-n-iè-res	5.
m-a-n-u-s-c-r-its	8.
m-i-lle	3.
m-i-n-i-s-t-res	7.
m-i-s-e-r-i-c-o-r-d-ieux	11.
m-u-n-i-t-io-n-ai-res	9.
o-r-d-i-n-ai-re-m-ent	9.
o-r-d-res	4.
p-a-p-iers	4.
p-o-p-u-l-ai-re-m-ent	9.
p-r-e-s-que	5.
qu-e-s-t-ions	5.
r-é-g-u-l-iè-re-m-ent	9.
r-en-v-e-r-s-ées	7.
	530.

	Nombre d'operations.		Nombre d'opérations.
Ci-contre	363.	*Ci-contre*	530.
R-om-ains	3.	R-o-m-ains	4.
s-ang-uin-ai-res	5.	s-an-gu-i-n-ai-res	7.
sent-im-ent	3.	s-en-t-i-m-ent	6.
s-er-gent	3.	s-e-r-g-ent	5.
s-us-p-ens-ion	5.	s-u-s-p-en-s-ion	7.
t-ais-oient	3.	t-ai-s-oient	4.
t-end-re-sses	4.	t-en-d-r-e-sses	6.
te-rres	2.	t-e-rres	3.
t-omb-eaux	3.	t-om-b-eaux	4.
t-on-ne-rre	4.	t-o-nn-e-rre	5.
un-an-im-em-ent	5.	u-n-a-n-i-me-m-ent	8.
v-illes	2.	v-i-lles	3.
TOTAL	405.	TOTAL	592.

Opérations par { l'orthographe de l'œil...... 405.
celle de l'oreille.......... 592.
le syſtème des lettres iſolées... 958.

La comparaiſon de ces différentes façons d'opérer, ſuffit pour donner une idée juſte de ce qu'on gagneroit en renonçant toujours au ſyſtème des lettres iſolées, & ſouvent à celui des ſons. C'eſt de cette dernière branche de la découverte de Madame de*** que proviennent les avantages que je puis offrir aux Typographes qui n'auront pas pour l'ancienne méthode un reſpect trop aveugle. Le Gouvernement a jugé qu'un tiers de gain ſur le travail & les frais étoit un objet digne de ſon attention: maintenant que ce même gain eſt, comme on le voit, porté plus loin encore, j'eſpère qu'il ne méritera pas moins la leur.

La forme que j'ai donnée à mon ouvrage, me diſpenſe de tous les autres détails qui ſembleroient trouver ici leur place, mais qui me paroiſſent plutôt appartenir à une Grammaire générale & philoſophique qu'à la ſimple expoſition d'un nouveau ſyſtème d'Imprimerie. Il ne me reſte qu'à mettre ſous les yeux du Public l'ordre dans lequel nos expériences ſe ſont ſuccédées, c'eſt-à-dire la marche & le réſultat du travail que je ſoumets à ſes lumières.

Si je n'euſſe prévu que les partiſans de l'ancienne méthode ſe déchaîneroient contre la nôtre, j'aurois, pour la faire valoir, tiré mes exemples de *compoſition*, d'un long ouvrage ſur une même matière. La route oppoſée m'a paru préférable. J'ai fait compoſer une ſeule feuille dans chaque tome d'une petite Encyclopédie en dix-huit volumes, intitulée *Science des Gens de Cour, de Robe & d'Épée;* & pour compléter le nombre des feuilles auquel je m'étois borné, j'en ai pris une dix-neuvième dans le premier volume de l'*Anatomie de Verdier,* & une vingtième dans le tome I.er de la *Traduction du Taſſe* par M. de Mirabeau.

Les vingt perſonnes chargées de la compoſition de ces vingt feuilles, ſuivant notre ſyſtème, ont commencé par écrire ſur des cartes ſéparées, toutes les combinaiſons ou ligatures de deux, trois, quatre, cinq, ſix & ſept caractères qui ne valent qu'une voyelle, une naſale, une diphtongue, une conſonne ſimple ou un ſon particulier. Le retour de ces ligatures, ſoigneuſement marqué ſur vingt regiſtres, nous a mis en état d'en avoir le relevé général, & de juger ainſi du degré de leur fréquence, & conſéquemment de leur utilité. Toutes celles qui nous auroient ſervi davantage dans un choix de de feuilles ſur la même matière, devenues moins importantes par la rareté de leur retour, ont été ſacrifiées. Il a réſulté de ce premier eſſai, une Table des combinaiſons adoptées. D'après cette Table, on a compoſé de nouveau les mêmes feuilles; & les vérificateurs s'étant aſſurés de l'exactitude du travail, elles ont été compoſées & diſtribuées une troiſième fois, en calculant ſur une pendule à ſecondes, la durée du temps qu'exigeoient ces dernières opérations.

Comme il ne ſuffiſoit pas de nous convaincre ſeuls des avantages de notre ſyſtème, & qu'il n'étoit poſſible de les démontrer qu'en prouvant auſſi la chaîne & le rapport mathématiques de toutes nos opérations, d'autres Tables dreſſées d'après la compoſition des mêmes feuilles par l'ancienne méthode, nous ont donné le total des caractères qui devoit réſulter de la diviſion de chaque ligature. Ce total, toujours ſemblable dans les Tableaux de deux claſſes de Compoſiteurs qui ont procédé par deux ſyſtèmes différens, ne laiſſe aucun doute ſur l'exactitude de leur travail.

De la néceſſité de convaincre le Public & l'Europe entière, des avantages d'un nouveau Syſtème typographique, eſt provenue cette multitude de Tableaux qui compoſent mon ouvrage. En voici le catalogue.

On trouve d'abord douze exemples de *compoſition* par les deux méthodes, qui diſpenſent de recourir aux vingt volumes d'après leſquels nos premières expériences ont été faites. Au bas de chaque morceau, eſt un relevé du nombre des opérations qu'il fournit, & de la différence du temps néceſſaire pour le *compoſer,* le *corriger* & le *diſtribuer.* Quoique le gain offert ſur une petite quantité de lignes où ſe rencontrent plusieurs capitales (elles doivent être isolées selon notre système), soit dans une proportion inférieure à celui que donne une suite de trois ou quatre cents pages, on remarquera que le gain sur ceux de ces exemples qui sont en Langue Françoise, est, à fort peu de chose près, dans le même rapport des vingt feuilles qui ont servi de base à notre travail *(c)*. Sans parler du bénéfice de la *correction* & de la *distribution*, il y a pour la seule *composition* une différence :

Sur le	premier morceau, de............	$\frac{21}{48}$.
	second de près de..............	$\frac{10}{24}$.
	troisième de..................	$\frac{10}{24}$.
	quatrième de plus de...........	$\frac{10}{24}$.
	cinquième de plus de...........	$\frac{10}{24}$.
	sixième de près de.............	$\frac{21}{48}$.
	huitième de près de	$\frac{10}{24}$.
	dixième de plus de..............	$\frac{10}{24}$.

Ces huit exemples qui se trouvent dans le manuscrit remis au Contrôle général, sont remplacés ici par deux derniers essais qui prouvent & constatent de même les avantages que toutes les Imprimeries de l'Europe peuvent retirer du système

(c) Un essai sur le Latin, l'Anglois, l'Italien & l'Espagnol, a prouvé que les avantages de la nouvelle Méthode seront plus étendus pour les Nations étrangères que pour nous-mêmes. Avec le simple secours des ligatures proposées, il y auroit dès-à-présent sur toutes les Langues mortes ou vivantes, près de moitié de gain : quand j'aurai pu faire sur chacune les mêmes expériences qui m'ont servi dans la nôtre à fixer le total des ligatures utiles; lorsque je connoîtrai la fréquence de certaines syllabes, & celle de quelques sons particuliers tels que le double *g* des Italiens, leur *gl* mouillé, leur *zz*; le *ch* des Espagnols, leur *ll* mouillé, leur *ñ*, &c. le bénéfice sera nécessairement porté plus loin encore.

de Madame de ***. Ceux-ci précédés d'un Tableau digne de l'attention du public, parce qu'il facilite l'examen de tous nos calculs, sont suivis d'un autre Tableau qui la mérite également : il démontre par le bénéfice des ligatures existantes, le bénéfice des ligatures proposées.

Après les douze exemples où les deux méthodes sont dans une opposition frappante, viennent cinq Tables de quatre cents quatre-vingt-dix-huit *(d)* caractères composés qui, dans notre Langue, ne représentent que des sons simples. Les trois premières embrassent les ligatures adoptées. Les combinaisons d'une utilité relative *(e)*, & retranchées pour nos vingt feuilles, forment les deux autres Tables. Celles-ci, comme les précédentes, offrent toujours à côté de la ligature, l'un des mots d'autorisation d'où elle peut être tirée.

Les quatre cents quatre-vingt-dix-huit combinaisons ou ligatures étant une fois reconnues & autorisées, nous avons dressé cinq Tableaux où l'on voit la différence du nombre

(d) Il faut observer que ce nombre n'est pas le total fixe des sons simples représentés par des caractères composés, mais seulement celui des ligatures qui se sont rencontrées dans nos vingt feuilles. Nous en avons encore quelques-uns dont je n'ai pas cru devoir donner le tableau séparé ; tels sont, par exemple : *aon, aons* dans *paon* au singulier & au plurier ; *ed, eds* dans *bled* au singulier & au pluriel ; *egs* dans *legs ; ep, eps* dans *sep* de vigne au singulier & au plurier ; *if, ifs* dans *aprentif* & son plurier ; *rrhe* dans *Gomorrhe ; rrhes* dans *arrhes*, &c. &c.

(e) J'entends par combinaisons *relativement utiles*, celles qui se sont trouvées rares dans nos vingt feuilles, & qu'un ouvrage sur d'autres matières eût pu rendre très-fréquentes.

des opérations par les deux méthodes, d'abord à chaque page, & enſuite à chaque feuille.

De ces quatre cents quatre-vingt-dix-huit ligatures, il n'en eſt reſté que deux cents ſoixante-cinq eſſentiellement utiles dans notre compoſition. Il a fallu pour lors former cinq autres Tableaux, où l'on voit de même, à chaque page, & enſuite à chaque feuille, la différence du nombre des opérations par la nouvelle méthode, avant que les combinaiſons rares fuſſent retranchées, & depuis qu'elles l'ont été.

La différence du nombre des opérations par les deux méthodes, depuis la ſuppreſſion des ligatures d'une utilité relative, eſt encore préſentée dans vingt Tableaux, où l'on peut, ſoit à chaque feuille, ſoit à chaque page, comparer notre gain ſur la *compoſition* & la *diſtribution (f)*. Ce gain fixé, comme je l'ai déjà dit, d'après une pendule à ſecondes, ne ſauroit être conteſté, parce qu'on en aura la preuve en cinq ou ſix minutes, chaque fois qu'elle deviendra néceſſaire. Mais il n'en eſt pas de même de ce qu'il faut ajouter pour le bénéfice de la *correction*. Voulant éviter toute diſpute à cet égard, nous nous ſommes mis à portée de le calculer par une pièce reſtée en nos mains, & conçue en ces termes:

« Un bon ouvrier mettra au moins ſept jours pour compoſer, » corriger & diſtribuer une feuille de vingt-quatre pages de » l'ouvrage intitulé: *Science des Gens de Cour, de Robe & » d'Épée;* ce qui fait, pour la ſeule *compoſition*, environ cinq

---

(f) Dans les tableaux ſupprimés, il y a telle page où nous nous ſommes trouvés contraints de ſacrifier juſqu'à 124 combinaiſons; ce qui fait pour la durée du travail une différence de 8 ou 9 minutes.

jours, à raiſon de deux heures par page. A Paris, ce 17 « Mai 1775. *Signé* BONNETAUD, Prote de l'Imprimerie « de M. Barbou. »

Que de ſoixante-dix heures néceſſaires au plus habile ouvrier, pour compoſer, corriger & diſtribuer vingt-quatre de nos pages, l'on en ôte quarante-huit pour la ſeule *compoſition*, il eſt clair qu'il y en aura vingt-deux employées à *corriger* & à *diſtribuer*. Or l'expérience démontre, & je l'ai toujours vu dans les meilleures Imprimeries Françoiſes & Hollandoiſes, que la *diſtribution* bien faite exige près du quart des journées qui ſuffiſent pour la *compoſition*. Par conſéquent, la *correction*, quand le manuſcrit eſt exact, dure au moins le ſeptième du temps que l'on met à *compoſer* & à *diſtribuer*. Mais il s'agit ici d'une réimpreſſion & d'un ouvrier très-habile : ſans ces deux circonſtances, le travail de la *correction* n'eſt communément que des deux tiers plus court que celui de la *compoſition* & de la *diſtribution*. C'eſt d'après cette remarque que j'ai cru pouvoir fixer la durée de la correction des fautes de l'ouvrier qui ne tient parmi ſes confrères, ni le premier ni le dernier rang *(g)*.

Comme il étoit difficile d'arbitrer la *correction*, page pour page, j'en ai ſimplement porté le calcul à chaque feuille. Au reſte, telles que ſoient les objections que puiſſent faire

(g) Il eſt un calcul plus ſimple encore, & connu de tous les Typographes : c'eſt celui d'une ſemaine de 60 & quelques heures, employée par un bon ouvrier. Il en met 36 à compoſer une feuille & demie *cicéro* in-douze, & 9 à la diſtribuer. Les autres 15 heures ſont donc employées à la correction : ce qui fait bien, comme je l'ai déjà dit, le tiers du temps qu'il faut ordinairement pour compoſer & diſtribuer.

à ce ſujet les partiſans de l'ancien uſage, il n'en eſt pas moins certain que nous aurons ſur la *correction* un bénéfice quelconque. Notre méthode, amuſante par elle-même, exige une attention d'habitude qui ne permet pas, à beaucoup près, de faire les fautes groſſières qu'entraîne la diviſion de toutes les lettres, ſoit dans la *compoſition*, ſoit dans la *diſtribution* (*h*). Nos Commiſſaires en ont eu la preuve par les deux morceaux que quatre perſonnes différentes ont compoſés devant eux, le mercredi 3 mai, à ſix heures du ſoir. Il ne s'y eſt point trouvé de fautes de matière (*i*) : celles que j'ai déclarées & ſignées, ne ſont que contre la méthode (*k*).

Les calculs des vingt tableaux où je préſente à la fois la différence du nombre des opérations, & celle de la durée du travail, ſont raſſemblées dans une récapitulation générale qui forme le vingt-unième.

Il eſt bon d'obſerver ici qu'à chaque ligne de ces Tableaux, on trouve pour le gain un rapport abſolument égal à celui des douze exemples de *compoſition* qui ſont en tête de l'ouvrage. Je tombe ſur l'opération de la méthode propoſée

---

(*h*) Les ouvriers formés d'après notre méthode deviendront preſque tous également habiles quant à l'exactitude de la *compoſition*. Ce ſera par conſéquent un gain conſidérable ſur la conſervation des caractères, ce qui les uſe davantage étant le remaniement qu'exige la fréquente correction des épreuves. Les fautes d'ailleurs ſeront plus faciles à réparer, puiſque, vu la quantité de nos ligatures, il ne s'agira preſque jamais que d'en ſubſtituer une à une autre.

(*i*) *Matière* en terme de l'Art, ſignifie le manuſcrit ou l'original imprimé, ſur lequel on *compoſe*.

(*k*) Il y avoit deux fautes de principes dans une copie, trois dans la ſeconde & quatre dans la dernière.

tome I.er page 42 ; & je vois qu'à très-peu de chofe près, elle eft à l'opération de la méthode ordinaire comme 10 à 17. Dans le même tome, *page 43,* elle eft comme 5 à 9 ; rapport un peu plus grand d'environ un dixième.

Tome X, pages 780 & *781,* elle eft encore à l'opération de la méthode ordinaire, comme 10 à 17.

Tome XI, page 300, elle eft à l'opération de la méthode ordinaire comme 5 à 9. Dans le même tome, *page 301,* elle eft, à peu de chofe près, comme 1 à 2.

Tome XX, l'opération de la méthode propofée *pages 170* & *171,* eft encore à l'opération de la méthode ordinaire, comme 10 à 17.

Les calculs du nombre de fois que font entrés dans la compofition des vingt feuilles, les caractères fimples & réunis qui appartiennent à l'ancienne méthode, forment quatre autres Tables qui font fuivies de même, d'une récapitulation générale.

L'examen d'une *police* d'ufage pour cent milliers de caractères *(l),* & la différence prodigieufe que j'y ai aperçue avec les calculs des quatre Tables précédentes, m'ont déterminé à faire compofer, par la méthode ordinaire, vingt autres feuilles tirées de l'*Hiftoire univerfelle de Boffuet,* des *Nuits d'Young,* & du dernier ouvrage de l'abbé Raynal. Il a réfulté de ce nouveau travail, fix Tables qui prouvent le

(l) C'eft mal-à-propos qu'on regarde le mot *lettre* comme fynonime du mot *caractère*. Par *lettre* on ne doit entendre que la figure qui peint un fon, au lieu que le *caractère* eft en général le figne qui concourt à repréfenter la penfée, à la divifer, &c.

degré de variation du retour des caractères contenus dans deux volumes de même format.

L'état des caractères simples & réunis, entrés dans la première & la seconde *composition* par l'ancienne méthode, est suivi d'un autre état en vingt tableaux, où l'on trouve le nombre des caractères simples & réunis entrés dans la composition des vingt premières feuilles par le nouveau système. Les trois premières colonnes de chacun de ces Tableaux, présentent l'état des caractères qui appartiennent aux deux méthodes. Les autres indiquent le nombre de fois que chaque ligature est revenue dans chaque feuille. On y voit que j'ai supprimé le *ct*, le *st*, le *si* & le double *ssi*. Je retranche ces ligatures du nombre des miennes, parce qu'elles sont contre l'esprit de mon système, & que le hasard, & non le raisonnement, a pu seul les introduire. Si je conserve les anciennes ligatures *fi*, *ffi*, *fl*, *ffl*, c'est à regret, & parce qu'elles sont indispensables à cause de la tête du *f* qui, s'il ne faisoit un même corps avec l'*i* ou le *l*, en éloigneroit trop l'approche. Mais cette raison ne subsiste pas pour l'*i* qui peut être tout aussi bien précédé d'un petit *s* que d'une sorte de potence dont la configuration n'a rien d'agréable à l'œil. Ce *ſ* long ne mérite assurément d'aucune manière, de remplir un *cassetin*.

Quant à la ligature *&*, quoique moins vicieuse, je ne l'ai conservée que pour ne point altérer la balance qui devoit se rencontrer entre les caractères isolés, suivant l'ancienne méthode, & ces mêmes caractères réunis, selon la nouvelle; si j'y eusse substitué l'*e* suivi du *t*, il auroit fallu compter deux lettres pour une, & les sommes de la récapitulation ne se

ſe ſeroient plus trouvées égales. C'eſt par cette raiſon que l'*&*
eſt portée dans toutes les feuilles de la méthode propoſée. Mais on a vu dans l'*errata*, qu'il faut mettre *zéro* au lieu de trois mille trois cents quatre-vingt-dix-neuf *&*, & trois mille ſept cents ſoixante-ſeize *et* au lieu de trois cents ſoixante-dix-ſept.

Les dix Tableaux qui ſuivent, ſont un relevé des vingt précédens. Ils raſſemblent le total des caractères ſimples & compoſés appartenans aux deux méthodes, & celui des lettres réunies dans les combinaiſons ou ligatures propoſées.

A la ſuite de ces dix Tableaux, eſt une récapitulation générale, & le réſultat de la récapitulation.

Ce rapport exact qui doit ſe trouver ſans ceſſe entre les caractères iſolés ſelon l'ancienne méthode, & ces mêmes caractères réunis ſelon la nouvelle, va paroître encore dans les quatre Tables ſuivantes. On y voit le nombre de fois que ſont entrés dans la compoſition des vingt feuilles, par le nouveau ſyſtème, trente-quatre des caractères qui appartiennent aux deux méthodes.

Le reſte de l'ouvrage conſiſte, 1.° en quatorze Tables du nombre de fois que ſont entrées les combinaiſons de deux, de trois, de quatre & de cinq lettres, avec quatre récapitulations particulières, une récapitulation générale, & une autre récapitulation de ces mêmes ligatures, conſidérées quant au nombre de fois qu'elles ſont entrées dans chaque feuille, & au nombre des caractères qui les compoſent.

2.° En une *police* de cent milliers de caractères, ſuivant l'ancien uſage, démontrée fauſſe en elle-même, & par comparaiſon avec les cinquante-neuvième, ſoixantième & cent dix-huitième Tables.

3.° Enfin, en un dernier Tableau qui donne de la caſſe

ordinaire la même idée qu'on a pu prendre du Tarif précédent. Il offre un état à deux colonnes, des caractères dont le caſſetin eſt ſemblable & la fréquence différente, ou la fréquence ſemblable & le caſſetin différent *(m)*. J'ajoute ici qu'une dernière preuve que le haſard eſt entré plus que le raiſonnement dans la diſtribution de la caſſe ordinaire, c'eſt que le quarante-neuvième, le cinquante-huitième, le ſoixante-deuxième & le cent dixième caſſetins ſont toujours vides, & qu'il étoit naturel de les ſupprimer pour en agrandir d'autres, ou du moins de les ranger de ſuite à gauche ou à droite, afin d'en faire le ſupplément de ceux qui ſont trop petits.

Le deſſin qui ſuit mon dernier Tableau, vient encore à l'appui de ce que j'avance. Il eſt intitulé : *Diviſion de la caſſe ordinaire en trente claſſes de caſſetins inégaux.* C'eſt un point de comparaiſon avec les proportions de la nôtre *(n)*. Les voici :

1.ere claſſe .... 2000.
2.e .... 1000.
3.e .... 900.
4.e .... 800.
5.e .... 700.
6.e .... 600.
7.e .... 500.
8.e .... 400.
9.e .... 300.
10.e .... 200.
11.e .... 100.
12.e .... 99.

(m) Le nombre reſpectif de chaque ſorte de caractère porté dans ce Tableau, eſt fixé d'après une *police* de cent milliers.

(n) Je n'y préſente que les inégalités raiſonnées ou qui ont pu l'être, & non celles qui proviennent de la négligence des Ouvriers : telles ſont,

Ces proportions ſont établies ſur un principe raiſonné. J'ai vu qu'ayant, à un quarante - huitième près, par notre méthode, les deux tiers de moins d'*a* détachés, que par la méthode ordinaire *(o)*, il convenoit que le caſſetin de cette lettre fût moitié plus petit qu'il ne l'eſt dans la caſſe actuelle. Mon premier point ainſi donné, j'ai cherché le ſecond dans le moins grand des caſſetins de l'ancienne caſſe, & enfin j'ai diviſé l'eſpace qui ſe trouve du premier de ces points à l'autre, en autant de parties que j'avois de claſſes de ligatures; de ſorte que les caſſetins de la première claſſe ſont deſtinés aux caractères ſimples ou réunis, revenus deux mille fois dans nos vingt feuilles; ceux de la ſeconde, aux caractères dont le retour eſt moitié moins fréquent; ainſi du reſte.

Le deſſin où l'on voit le vice de diſtribution de la caſſe actuelle, eſt ſuivi de deux planches qui la repréſentent dans ſa grandeur ordinaire. La nôtre eſt enſuite repréſentée de même en deux planches dans ſa véritable grandeur *(p)*.

Un ſixième deſſin repréſente en petit la caſſe propoſée, avec ſon pied, & une autre caſſe à couliſſe contenant deux cents quatre-vingt-huit caſſetins égaux, laquelle ſe tire & ſe

---

par exemple, celles des *caſſetins* de l'*a* & de l'*o*, du *m* & du *n*; la conſtruction de la caſſe n'empêche point de les rendre égaux.

(o) Notre première *compoſition* par l'ancienne méthode nous en a donné 35731, & la ſeconde 35875, tandis que par la méthode propoſée, nous n'en avons eu que 12652, ce qui n'eſt environ que les dix-ſept-quarante-huitièmes de l'une ou l'autre des deux premières ſommes.

(p) Les ennemis du ſyſtème propoſé ſeront bien peu ſatisfaits d'apprendre que la nouvelle *caſſe*, qui ſelon eux devoit avoir ſoixante pieds de long, n'eſt que de dix - neuf pouces plus large que l'ancienne.

ſoutient derrière par une mécanique très-ſimple. Je rendrai compte plus loin, de l'uſage de cette ſeconde caſſe, & de la partie ſaillante du pied ſur lequel elle eſt poſée comme la première.

Enfin la caſſe extérieure eſt encore repréſentée en petit dans deux autres deſſins. Un double carré long forme la figure de cette caſſe. Le premier raſſemble des caſſetins preſque égaux, deſtinés aux ligatures qui ſont revenues moins de cent fois dans le cours de nos vingt feuilles. Celles qui ſont revenues depuis cent juſqu'à deux mille fois, trouvent leur place dans une ſuite d'autres caſſetins de onze claſſes différentes qui rempliſſent le carré intérieur. On voit dans ces deux deſſins, & il eſt important de le remarquer, que l'ordre des caſſetins a dépendu de la fréquence du retour des lettres ſimples ou compoſées, & que les caractères qui reviennent le plus ſouvent, ſont auſſi ceux qui ſont placés ſous la main de l'ouvrier, c'eſt-à-dire, toujours en ſe rapprochant vers le centre par progreſſion numérique.

Les rangées n.ºs 1 & 2, contiennent chacune vingt-ſix caſſetins de la première claſſe.

La rangée n.° 3 en contient trois de la première, & vingt-un de la ſeconde; la rangée n.° 4, ſeize de la troiſième; & la rangée n.° 5, quatorze de la même claſſe. La rangée n.° 6 en contient un de la première, & douze de la quatrième. La rangée n.° 7 en contient ſept de la cinquième; la rangée n.° 8, ſept de la ſixième; la rangée n.° 9, trois de la ſeptième; la rangée n.° 10, quatre de la huitième. Les rangées n.° 11, à droite & à gauche, en contiennent quatre de la neuvième. La rangée n.° 12 en contient onze de la dixième. Et enfin les rangées n.° 13, à droite & à gauche, en contiennent trois de la onzième.

Cent quatre-vingt-cinq caractères, tant ſimples que compoſés, de la dernière claſſe, occupent un pareil nombre de caſſetins dans la partie du *caſſeau* qui renferme le carré intérieur. Ces cent quatre-vingt-cinq caſſetins en ſont au total trois cents quarante-trois avec ceux des treize rangées qu'ils entourent. Un coup-d'œil jeté ſur l'enſemble de ce caſſeau, fait aiſément apercevoir que l'ordre de chaque claſſe des différentes ligatures, eſt combiné comme celui de chaque ligature des différentes claſſes, & que nulle autre figure que le double carré-long, ne pouvoit donner une diſtribution auſſi heureuſe.

Comme nous avons dix-neuf caractères *(q)* qui par la rareté de leur fréquence m'ont ſemblé devoir être réſervés pour la caſſe à couliſſe, il reſte douze caſſetins vides *(r)* dans celle dont je viens de faire la deſcription.

C'eſt auſſi dans cette caſſe à couliſſe que nous placerons les petites capitales, comme étant d'un uſage ſi rare que ſouvent il ſe paſſe des années entières ſans qu'on en ait beſoin.

Les *quadrats,* les *eſpaces,* les *quadratins,* les *demi-quadratins* ſeront placés au milieu d'un ſupplément de cinquante-huit

---

(q) Ce ſont les caractères ſuivans :

h.... œ.... â.... G.
k.... ! .... ô.... I.
q.... ().... ù.... K.
z.... § .... ë.... X.
&........... ü.... Z.

(r) Ces douze caſſetins en ſont ſoixante-dix avec les cinquante-huit dont nous parlerons plus bas.

caſſetins qui ſe trouvent dans la partie ſaillante du pied de notre nouvelle caſſe.

La différence d'inclinaiſon de la caſſe propoſée, & de la caſſe actuelle, ſera ſans doute remarquée dans le ſixième de nos deſſins. En ne donnant à la mienne que vingt-cinq degrés, j'écarte l'incommodité qui ſe fait ſentir dans l'autre, parce qu'elle en a trente-ſix, & que l'ouvrier d'une taille ordinaire n'atteint qu'avec peine aux rangées ſupérieures. Cette pente incommode à laquelle on s'aſſujettit, n'a d'autre cauſe que l'ignorance d'un ſecret qui pût laiſſer aux caſſetins une capacité ſemblable avec une inclinaiſon différente. Je prouve par un eſſai de la nouvelle caſſe, remis à nos Commiſſaires, que ce ſecret réſulte de la poſition des traverſes, & qu'il ne s'agit que de les placer obliquement. Au reſte, ſi la pratique démontroit qu'il fût plus commode de l'incliner un peu davantage, je n'en conſerverois pas moins la caſſe à couliſſe, ſans rien retrancher pour cela des deux cents quatre vingt-huit caſſetins qu'elle renferme. J'ajoute, par rapport à ma caſſe extérieure, qu'il eſt démontré que l'ouvrier, placé comme *centre*, peut atteindre, ſans ſe déranger, aux extrémités ſupérieures des deux angles. Mais, comme elle eſt moins haute que la caſſe ordinaire, & que je pourrois l'élever encore de dix à douze pouces, il ſera facile de la rétrécir dès qu'on le jugera convenable.

Après avoir rendu compte des tables & des deſſins contenus dans le volume remis au Contrôle général, qu'il me ſoit permis, avant que de finir, d'examiner les avantages que raſſemble notre projet, les inconvéniens qu'il entraîne, & les difficultés qui paroîtront peut-être pouvoir en empêcher l'exécution.

Je ne connois d'innovations vraiment utiles que celles dont les avantages ne peuvent nuire à aucune classe de citoyens, fût-ce la plus obscure. Toute découverte qui, loin de concourir au bien général, ne tend qu'à sacrifier une portion du public, doit être rejetée. C'est pour cela, sans doute, que l'invention de M. Fournier n'a point été couronnée du succès, quoiqu'ayant reçu & mérité de la part de l'Académie des Sciences, les éloges les plus flatteurs *(s)*. Il étoit certainement très-avantageux d'imprimer la Musique en moins de temps & à moins de frais qu'il n'en faut pour la graver; mais que devenoit le Corps des Artistes qui perdoient leur subsistance au moment de l'adoption d'un semblable projet! Je le répète; une découverte quelconque qui ne procure le bien des uns qu'aux dépens de la fortune ou de la vie des autres, ne sauroit paroître véritablement recommandable. Telles sont à peu-près, par exemple, les meilleures mécaniques des filatures. Que par de nouvelles machines toujours aussi nuisibles au bas peuple qu'utiles aux propriétaires, deux femmes fassent l'ouvrage de vingt, il est évident qu'on en égorge dix-huit, parce que leur sexe ne permet pas qu'elles se livrent à d'autres exercices. Mais qu'au lieu d'environ huit cents Compositeurs, qui manquent souvent d'occupation dans le royaume, & parmi lesquels plus des deux tiers savent à peine lire, leur nombre se réduise à quatre cents, tous également habiles par le nouveau systême, on y trouvera

(s) Il est dit dans le rapport du Secrétaire perpétuel, que « cette » invention mérite des encouragemens aussi-bien que l'approbation & même le vœu de l'Académie pour la prompte exécution ».

d'autant moins d'inconvéniens que la révolution qui en diminueroit la multitude, sera très-lente, & ne peut s'opérer avant un demi-siècle.

Si pendant l'espace de temps nécessaire pour amener cette révolution, tous les Typographes du royaume se décident à profiter de notre secret, ils n'en souffriront d'aucune manière: leur fortune sera toujours la même. Vingt feuilles *cicero* qui coûtent à présent cent soixante livres de composition, n'en coûteroient que quatre-vingts; & conséquemment, s'il sort, année commune, des Imprimeries de France, cent mille feuilles au même prix, l'une dans l'autre, on épargneroit quatre cents mille livres qui, si l'on ne vouloit pas baisser le tarif des livres, pourroient se partager entre des gens de Lettres, des Artistes, des Militaires, des veuves, des infortunés, &c.

Il est inutile d'augmenter le Tableau de ces avantages vus dans le grand. On ne sauroit détacher un gain de moitié sur les frais de *composition* d'un gain pareil & mille fois plus inestimable sur le temps. Quelle différence de célérité pour une édition telle que l'*Encyclopédie*, & pour tous nos Dictionnaires *in-folio!*

Ce qu'on juge devoir empêcher l'exécution du projet, porte sur la difficulté de faire graver d'autres poinçons, & de former de nouveaux Compositeurs.

Le premier de ces prétendus obstacles ne peut exister que dans la tête des partisans de l'ancienne méthode. S'il manquoit maintenant à Paris ou à Lyon, d'Artistes assez habiles, on en trouveroit sans peine à Harlem, à Leipsick, à Basle, &c. Doutera-t-on jamais que ceux qui exécutent avec tant d'art, dans la *Nompareille* ou la *Parisienne*, les caractères *ff, ffi, ffl*, puissent

puiſſent ne pas graver auſſi facilement les ligatures *ac*, *bes*, *ches*, &c!

La difficulté, répondront mes cenſeurs, ne conſiſte pas à exécuter ces caractères réunis, mais à leur donner entre eux une reſſemblance ſi exacte que chaque lettre paroiſſe avoir été frappée par le même poinçon. Je conviens que cette proportion deſirable eſt abſolument impoſſible, & que la différence actuelle qui ſe trouve entre nos voyelles ſimples, & nos voyelles accentuées, s'étendra ſur les conſonnes, & ſe multipliera prodigieuſement dans les nouvelles ligatures; mais ce vice ne peut être aperçu que des gens de l'Art, & ne ſauroit balancer les avantages offerts par le nouveau ſyſtème. La Capitale exceptée, ce n'eſt d'aucune Imprimerie du royaume que ſortent les belles éditions; il eſt donc égal que des défauts imperceptibles ſe joignent à ceux qu'on remarque dans tous les ouvrages imprimés en province.

Ce ſera preſque la même choſe pour la Capitale. On y compte trente ſix Imprimeurs, entre leſquels je n'en vois guère que douze qui fourniſſent tous les ans au Public, un aſſez grand nombre de volumes, & cinq ou ſix qui ſoient jaloux des éditions ſoignées. Les autres moins occupés, ou attachés à des branches différentes, telles que les Arrêts, les Mémoires, les États de finance, les feuilles détachées, les petites brochures, &c. n'auront pas plus à ſe plaindre que tous les Imprimeurs de province, des légers défauts qu'entraîne une nouvelle fonte de ligatures. De trois cents Typographes qui ſont en France, il y en a donc deux cents quatre-vingt-quinze auxquels il doit être très-indifférent d'adopter le ſyſtème propoſé, ou de conſerver l'ancienne routine. Laiſſons à ceux qui poſsèdent bien leur art, le ſoin de le perfectionner, s'il eſt poſſible. Qu'à cette conſidération, le Gouvernement les encourage & les protège; le changement qui peut ſe faire par la ſuite, dans les deux cents quatre-vingt-quinze autres Imprimeries du royaume, n'en ſera pas moins avantageux pour le Public.

Mais je ne renonce point encore à la recherche des moyens d'écarter le vice que j'accuſe, & qui ſeroit inſéparable de la réunion de pluſieurs caractères frappés par un ſeul poinçon. Un Miniſtre qui, malgré le fardeau des affaires, donnoit aux Lettres ſes plus doux loiſirs, m'a dit qu'il jugeoit poſſible qu'on ſe ſervît pour la fonte de nos ligatures des poinçons en uſage. Cette idée m'en a fait naître d'autres, & je ne doute preſque plus du ſuccès des expériences auxquelles je compte me borner. Si l'évènement juſtifie mon eſpoir, ce qui pourroit s'élever contre la découverte de Madame de * * *, ceſſera d'en diminuer le prix, & l'on ſera forcé de convenir de tous ſes avantages.

Quant à l'objection née de la difficulté de former de nouveaux ouvriers, je me diſpenſerois d'y répondre, ſi je n'écrivois que pour nos Commiſſaires. Ils ſavent qu'un mois après le commencement de mes épreuves, je leur ai préſenté vingt-trois-Compoſiteurs, tous également en état d'opérer ſelon le nouveau ſyſtème. J'ai déjà dit qu'il n'eſt pas rare de voir des enfans de quatre à cinq ans ſaiſir l'eſprit de cette méthode, & ſe familiariſer avec une multitude de caſſetins dont la connoiſſance n'exige que des yeux & de la mémoire: la facilité de former des hommes, ſera donc moins ſurprenante encore. D'ailleurs la nouvelle caſſe eſt diviſée de manière à s'y reconnoître ſans peine; & le double carré qu'elle contient, en rendra l'uſage auſſi commode que ſi je l'euſſe faite moitié plus petite.

Le Public nous pardonnera, ſans doute, d'avoir en quelque ſorte voulu prévenir ſon jugement, & prouver d'avance que, dans tous les cas, cette découverte eſt vraiment précieuſe. Elle m'a trop coûté de veilles pour en prendre une autre opinion. Je la compare ſans ceſſe à l'invention de M. Fournier, qui non-ſeulement, comme je l'ai déjà dit, lui valut de la part de l'Académie des Sciences, ces éloges flatteurs dont le deſir anime les talens, & qui en ſont toujours la première récompenſe, mais auſſi un arrêt du Conſeil, en vertu duquel il devint *Imprimeur ſurnuméraire* pour la ville de Paris. Pierre Moreau, ſous Louis XIII, fut encore mieux traité. Le projet aſſez mince d'imiter dans l'Impreſſion les caractères de l'Écriture, quoique beaucoup moins utile que celui qui concernoit la Muſique, lui mérita le titre d'*Imprimeur ordinaire du Roi.*

C'eſt dans l'examen du degré d'importance de ces deux projets différens, que j'ai puiſé le courage qui m'eſt devenu néceſſaire pour terminer en ſix mois un ouvrage auſſi prodigieuſement compliqué. Je comptois d'abord offrir un eſſai très-abrégé; mais les bruits déſavantageux qui ſe répandirent bientôt dans Paris contre le nouveau ſyſtème, m'obligèrent de ſortir des bornes dans leſquelles je voulois me reſtreindre. Les nouvelles découvertes que ce long travail m'a mis à portée de faire, me donnent lieu de croire que j'étendrai par la ſuite les avantages de la méthode propoſée. Car je dois convenir maintenant, que, quoique certain du ſuccès, j'étois loin de mon but en commençant nos expériences. Tel à peu-près Chriſtophe Colomb ne doutoit pas de l'exiſtence d'une région inconnue, même avant que de l'avoir découverte.

Obſervations d'un Imprimeur ſur le nouveau Syſtème Typographique.	*Réponſe de M. de Saint-Paul aux Obſervations ci-contre.*
Le Syſtème de M. de Saint-Paul, très-ingénieux par lui-même,	Ce Syſtème *très-ingénieux* prouve ce qu'on doit attendre d'un homme qui, ſans être Imprimeur, a déjà porté ſi loin les recherches ſur l'Imprimerie. Ne ſeroit-ce pas l'encourager & le récompenſer, que de lui rendre cette juſtice!
tend *après ſes calculs* à nous prouver,	*Tendre à prouver* ſignifie qu'on n'a pas réuſſi; & mes preuves ſont complettes & victorieuſes. On peut donc dire: *l'Auteur prouve,* & non *voudroit prouver.*
qu'il diminuera d'un tiers *la main-d'œuvre actuelle de l'Imprimerie, & même fait eſpérer que le gain ira juſqu'à moitié.*	Des paſſages de mon *Proſpectus,* mal préſentés ſans doute, ont donné lieu à l'erreur qui ſe trouve ici. Je ne me ſuis engagé d'abord, il eſt vrai, qu'à la diminution d'un tiers:

mais une ſeconde découverte, née des expériences de la première, m'a *réellement* déjà donné *moitié* de gain ; tous les calculs le prouvent. J'ajoute qu'avec de nouvelles recherches, ce gain paſſera peut-être les deux tiers ; & je dois à cet eſpoir le courage dont il a fallu m'armer pour me livrer ſucceſſivement aux expériences innombrables qu'ont exigées la découverte de l'orthographe de l'oreille, & la découverte de l'orthographe de l'œil : un homme ſeul eût été quatre ans & demi à les faire.

Un grand inconvénient qui ſe trouve dans la caſſe *propoſée, plus grande de dix-neuf pouces que celles dont ſe ſervent les Imprimeurs, obligera conſéquemment l'ouvrier à plus alonger les bras, ce qui retardera ſes opérations momentanées.*

Pour riſquer cette objection, il faut oublier qu'un homme de taille commune peut facilement embraſſer un eſpace de cinquante-cinq pouces. Il faut oublier que les deux côtés de ma *caſſe* ne contiennent que les caractères dont l'uſage eſt moins fréquent. Il faut enfin ne pas ſe ſouvenir que cette caſſe plus grande de 19 pouces, en a trois de moins ſur la hauteur,

& que renfermant ſoixante-ſix caſſetins actuellement vides, il eſt très-facile au beſoin de la rétrécir de plus d'un pied, en lui donnant autant d'élévation qu'à l'ancienne.

Cette caſſe contiendra trois cents quarante-trois caſſetins, & celle d'uſage n'en contient que trois cents quatre, bien complette en tout genre. M. de Saint-Paul retranche de la ſienne vingt caractères, ainſi que les capitales, qu'il réſerve pour une caſſe à couliſſe qui ſera miſe en deſſous.

Ainſi que les capitales. On a oublié d'ajouter *du bas de caſſe;* car toutes les grandes capitales y ſont renfermées, à l'exception du *g*, de l'*i*, du *k*, du *x* & du *z* dont l'uſage eſt très-rare. Mais ſi l'on veut rigoureuſement admettre ces cinq grandes capitales, les trente-deux petites, & les quatorze caractères qu'il conviendroit de placer ailleurs, il en réſultera que je remplirai cinquante-un de mes caſſetins vides, & que, malgré cela, je pourrai toujours, reportant quelques caſſetins des côtés ſur la hauteur, rétrécir ma caſſe de ſept à huit pouces.

Nous croyons que les vingt caractères qu'il retranche, ſont preſque auſſi néceſſaires que les autres, & que les capitales le ſont auſſi tant pour les titres des

Les dix-neuf caractères placés ailleurs, ainſi que les trente-deux petites capitales, ne peuvent être auſſi néceſſaires que les autres lettres, lorſque l'uſage en

Livres que pour le corps d'un ouvrage.

est infiniment moins fréquent, & qu'il se trouve, par exemple, entre leur retour une différence de 4 à 400. Il seroit bon de revoir mes calculs.

Il faut par conséquent ajouter à sa casse, déjà composée de trois cents quarante-trois cassetins, les vingt caractères supprimés, & les capitales dont le nombre est d'environ quatre-vingt-dix.

J'ai déjà dit qu'il n'y a que trente-deux capitales du bas de casse: c'est par erreur que l'on confond ici les grandes & les petites.

Ajoutez à cela les signes d'Algèbre, & autres relatifs aux Livres de Mathématiques, qui doivent se trouver dans la casse, & en augmenter l'étendue, & à proportion faire plus perdre de temps à l'ouvrier.

Les signes nécessaires aux livres de Mathématiques, ne se trouvent point dans la casse ordinaire des Imprimeurs qui n'entreprennent que rarement ces sortes d'ouvrages; & la preuve que j'en puis fournir, est qu'il a fallu que je me passasse de minutes, de secondes & de tierces pour mes tableaux de M. le Contrôleur général, & du Maréchal de Noailles, quoique je me sois adressé à deux des plus fortes Imprimeries de Paris.

Mais fallût-il placer effectivement quelques signes d'algèbre, cela m'est très-facile, puisqu'en ajoutant les cinquante - un caractères dont l'usage est si rare, il me reste encore quinze cassetins de vides, sans compter les deux rangées qu'on pourroit ajouter pour rendre ma casse égale en hauteur à la casse ordinaire. Il ne faudra donc pas augmenter la largeur de celle que je propose, ni multiplier par-là les mouvemens & la perte du temps de l'ouvrier.

D'un autre côté, la multiplicité des cassetins oblige nécessairement à les faire plus petits,

Je m'afflige de n'avoir pas su rendre sensible l'endroit de mon *Prospectus* où j'explique les principes sur lesquels la division de ma casse est établie. La grandeur des cassetins n'a point été déterminée par leur nombre, mais par le degré de fréquence des caractères simples ou réunis qui doivent les remplir. Cette récurrence soigneusement examinée, m'a donné douze degrés divers ; & c'est pour cela que les caractères des deux espèces, revenus deux mille fois, mille fois, neuf cents fois, &c. auront des cassetins

cassetins de grandeur proportionnée & très-exactement réduite à douze classes, tandis que la casse ancienne, distribuée au hasard, comme je l'ai démontré, en a de trente sortes différentes. Cette comparaison frappante est sans doute bien avantageuse pour moi.

ce qui exigera de la remplir plus souvent, & fera perdre beaucoup de temps à l'ouvrier qui sera obligé de sortir de place pour aller chercher des caractères qui lui manqueront, & cela plusieurs fois, au lieu d'une seule opération de cette nature qu'exige la casse actuelle pour la composition de plusieurs pages.

On remplira les cassetins en proportion de leur grandeur, il est vrai; mais, encore une fois, cette grandeur est raisonnée, tandis que celle des cassetins de l'ancienne casse ne l'est pas, puisque ceux destinés, par exemple, aux caractères qui reviennent deux mille fois dans la composition de trois feuilles, sont plus petits que ceux dont la fréquence est moitié moins considérable. L'objection sur la perte du temps de l'ouvrier, reste donc sans aucune force.

Pour ce qui est de la casse à coulisse, nous croyons qu'il en résulteroit une perte de temps considérable pour l'ouvrier qui seroit

La casse intérieure, dont la condamnation m'est indifférente, parce qu'elle est parfaitement étrangère au mérite *obligé de quitter ſon* compoſteur *pour tirer cette caſſe, y prendre ſes lettres, reprendre ſon compoſteur pour les y placer, le quitter pour la refermer, &c. laquelle perte de temps ne ſeroit guère compenſée par ce qu'il peut gagner par les ligatures, ſur-tout s'il falloit y revenir ſouvent, ce qui ne ſeroit pas rare.*

de mon ſyſtème, n'aura d'autre avantage que de ménager le local de l'Imprimerie & les pas de l'ouvrier. Le temps qu'il emploieroit à la tirer, ſans preſque ſortir de ſa place, ne ſeroit aſſurément pas ſi conſidérable que celui qu'il lui faut pour aller à l'autre bout de la ſalle, compoſer une note. Le lieu de la caſſe, plus voiſine ou plus éloignée de celui où il travaille, ne le diſpenſe point de laiſſer & de reprendre ſon *compoſteur*, de chercher les caractères propres à ſa note, & de recommencer les mêmes opérations, pour retourner à la caſſe qu'il ne quitteroit point s'il en avoit une par-derrière, auſſi facile à tirer que celle que je propoſe, & dont la ſeule expérience peut au reſte affoiblir ou confirmer l'utilité.

A l'égard du gain que M. de Saint-Paul promet ſur la diſtribution & correction, il nous paroît douteux, & on ne pourra guère

Le gain enviſagé ſur la *correction* ne peut être démontré mathématiquement ſans doute; il reſte ſeulement dans une *s'en convaincre que par la pratique avec les caſſes & caractères propoſés. A Paris, le 9 Janvier 1776.* Signé *** *Imprimeur-Libraire.*

Remis le même jour au Contrôle général.

évidence qui tient déjà de la conviction, par les épreuves qu'ont fait faire eux-mêmes, le 3 Mai dernier, les Commiſſaires que le Miniſtre avoit nommés à cet effet.

Quant au gain ſur la *diſtribution,* il n'eſt point promis; il eſt inconteſtable, puiſque cette troiſième des opérations de la main-d'œuvre primitive n'entraîne abſolument aucune proportion différente par l'une ou l'autre méthode, & qu'on ne ſauroit ſéparer l'exactitude de mes calculs à cet égard, de l'exactitude de ceux que j'ai faits ſur la *compoſition.* Diſons donc une dernière fois, pour conclure, qu'il eſt à ſouhaiter que de nouveaux caractères & de nouvelles caſſes lèvent bientôt les doutes que les partiſans de l'ancienne méthode voudroient conſerver encore ſur les avantages de la nouvelle.

TABLE de la durée de la Composition par l'ancienne & la nouvelle Méthode.

Pour 1 opération *, il faut…	0′ 4″ 12‴	Pour 38 opérations, il faut…	2′ 39″ 36‴	Pour 79 opérat. il faut	0ʰ 5′ 31″ 48‴
Pour 2 opérations………	0. 8. 24.	—— 39………	2. 43. 48.	—— 80………	0. 5. 36. 0.
—— 3………	0. 12. 36.	—— 40………	2. 48. 0.	—— 81………	0. 5. 40. 12.
—— 4………	0. 16. 48.	—— 41………	2. 52. 12.	—— 82………	0. 5. 44. 24.
—— 5………	0. 21. 0.	—— 42………	2. 56. 24.	—— 83………	0. 5. 48. 36.
—— 6………	0. 25. 12.	—— 43………	3. 0. 36.	—— 84………	0. 5. 52. 48.
—— 7………	0. 29. 24.	—— 44………	3. 4. 48.	—— 85………	0. 5. 57. 0.
—— 8………	0. 33. 36.	—— 45………	3. 9. 0.	—— 86………	0. 6. 1. 12.
—— 9………	0. 37. 48.	—— 46………	3. 13. 12.	—— 87………	0. 6. 5. 24.
—— 10………	0. 42. 0.	—— 47………	3. 17. 24.	—— 88………	0. 6. 9. 36.
—— 11………	0. 46. 12.	—— 48………	3. 21. 36.	—— 89………	0. 6. 13. 48.
—— 12………	0. 50. 24.	—— 49………	3. 25. 48.	—— 90………	0. 6. 18. 0.
—— 13………	0. 54. 36.	—— 50………	3. 30. 0.	—— 91………	0. 6. 22. 12.
—— 14………	0. 58. 48.	—— 51………	3. 34. 12.	—— 92………	0. 6. 26. 24.
—— 15………	1. 3. 0.	—— 52………	3. 38. 24.	—— 93………	0. 6. 30. 36.
—— 16………	1. 7. 12.	—— 53………	3. 42. 36.	—— 94………	0. 6. 34. 48.
—— 17………	1. 11. 24.	—— 54………	3. 46. 48.	—— 95………	0. 6. 39. 0.
—— 18………	1. 15. 36.	—— 55………	3. 51. 0.	—— 96………	0. 6. 43. 12.
—— 19………	1. 19. 48.	—— 56………	3. 55. 12.	—— 97………	0. 6. 47. 24.
—— 20………	1. 24. 0.	—— 57………	3. 59. 24.	—— 98………	0. 6. 51. 36.
—— 21………	1. 28. 12.	—— 58………	4. 3. 36.	—— 99………	0. 6. 55. 48.
—— 22………	1. 32. 24.	—— 59………	4. 7. 48.	—— 100………	0. 7. 0. 0.
—— 23………	1. 36. 36.	—— 60………	4. 12. 0.	—— 200………	0. 14. 0. 0.
—— 24………	1. 40. 48.	—— 61………	4. 16. 12.	—— 300………	0. 21. 0. 0.
—— 25………	1. 45. 0.	—— 62………	4. 20. 24.	—— 400………	0. 28. 0. 0.
—— 26………	1. 49. 12.	—— 63………	4. 24. 36.	—— 500………	0. 35. 0. 0.
—— 27………	1. 53. 24.	—— 64………	4. 28. 48.	—— 600………	0. 42. 0. 0.
—— 28………	1. 57. 36.	—— 65………	4. 33. 0.	—— 700………	0. 49. 0. 0.
—— 29………	2. 1. 48.	—— 66………	4. 37. 12.	—— 800………	0. 56. 0. 0.
—— 30………	2. 6. 0.	—— 67………	4. 41. 24.	—— 1000………	1. 10. 0. 0.
—— 31………	2. 10. 12.	—— 68………	4. 45. 36.	—— 1200………	1. 24. 0. 0.
—— 32………	2. 14. 24.	—— 69………	4. 49. 48.	—— 1400………	1. 38. 0. 0.
—— 33………	2. 18. 36.	—— 70………	4. 54. 0.	—— 2000………	2. 20. 0. 0.
—— 34………	2. 22. 48.	—— 71………	4. 58. 12.	—— 3000………	3. 30. 0. 0.
—— 35………	2. 27. 0.	—— 72………	5. 2. 24.	—— 4000………	4. 40. 0. 0.
—— 36………	2. 31. 12.	—— 73………	5. 6. 36.	—— 5000………	5. 50. 0. 0.
—— 37………	2. 35. 24.	—— 74………	5. 10. 48.	—— 6000………	7. 0. 0. 0.
		—— 75………	5. 15. 0.	—— 7000………	8. 10. 0. 0.
		—— 76………	5. 19. 12.	—— 8000………	9. 20. 0. 0.
		—— 77………	5. 23. 24.	—— 9000………	10. 30. 0. 0.
		—— 78………	5. 27. 36.	—— 10000………	11. 40. 0. 0.

* Par *opérations*, nous entendons l'action de prendre un caractère, & de le ranger sur le *composteur*.

COMPOSITION *suivant le nouveau Systême Typographique, tirée du rapport des Commissaires nommés pour l'examiner.*

.... Nous nous contenterons de dire ici que M. de S.t-Paul a rempli les engagemens qu'il avoit contractés avec le Gouvernement ; que ses experiences projetées ont été conduites avec beaucoup de méthode & d'intelligence de sa part, & que par des calculs longs & pénibles qui sont le fruit d'un grand nombre de combinaisons raisonnées, il en a déduit plusieurs résultats qui méritent d'être proposés aux Artistes, & qui nous paroissent propres à éclairer la pratique de l'Imprimerie actuelle, & à en abréger certainement les procedés..........
Son projet ne peut que gagner aux contradictions qu'il essuiera sans doute de la part des gens de l'Art.

Opérations par la méthode ordinaire.... 542.

........N-ous n-ous c-ont-ent-er-ons de d-i-re i-c-i que M. de S.t-P-au-l a r-em-p-l-i les en-g-a-ge-m-ens qu'-il a-v-oit c-ont-r-act-és a-ve-c le G-ou-ve-rn-em-ent ; que ses e-x-pe-r-ien-ces p-r-o-je-t-ées ont é-t-é c-ond-ui-tes a-ve-c be-au-c-oup de m-é-th-o-de & d'-in-te-ll-i-ge-n-ce de s-a p-a-rt, & que p-a-r des c-a-l-c-uls l-ongs & p-é-n-i-b-les qu-i s-ont le f-r-uit d'-un g-r-and n-omb-re de c-omb-in-ais-ons r-ais-on-n-ées, il en a d-é-d-uit p-l-us-ieu-rs r-és-ul-t-ats qu-i m-é-r-it-ent d'-êt-re p-r-op-os-és aux A-rt-ist-es, & qu-i n-ous p-a-r-ois-sent p-r-op-res à é-c-l-ai-r-er la p-r-at-i-que de l'-I-m-p-r-im-er-ie act-ue-lle, & à en a-b-r-é-g-er c-er-t-ain-em-ent les p-r-oc-ed-és..........
S-on p-r-o-j-et ne peut que g-a-gn-er aux c-ont-r-a-d-ic-t-ions qu'-il es-s-uie-r-a s-ans d-ou-te de l-a p-a-rt des g-ens de l'-A-rt.

Opérations par la méthode proposée.......... 326.

RÉCAPITULATION.

	Nombre d'Opérations.	DURÉE DU TRAVAIL. Composition.	Correction.	Distribution.	TOTAL des Articles ci-contre.
Ancienne Méthode...	542.	37′ 56″ 24‴	15′ 48″ 30‴	9′ 29″ 6‴	1h 3′ 14″ 0‴
Méthode proposée...	326.	22. 49. 12.	9. 30. 30.	5. 42. 18.	0. 38. 2. 0.
Différence.......	216.	15. 7. 12.	6. 18. 0.	3. 46. 48.	Gain...... 0. 25. 12. 0.

NOUVEAU SYSTÈME TYPOGRAPHIQUE,

présenté aux Ambassadeurs, Envoyés & Ministres des Cours étrangères auprès de Sa Majesté Très-Chrétienne.

Par Don FRANCISCO BARLETTI DE SAINT-PAUL.

CE Système dont les experiences ont été faites aux dépens du Gouvernement, offre l'avantage de diminuer le travail & les frais de *composition*, de *correction* & de *distribution*. Avec le simple secours des ligatures imaginées pour la Langue Françoise, il y auroit dès-à-présent sur toutes les autres Langues mortes ou vivantes, près de moitié de gain. Quand l'Auteur aura pu faire sur chacune les mêmes essais qui lui ont servi dans la sienne à fixer le total des ligatures utiles; lorsqu'il connoîtra la fréquence de certaines syllabes, & celle de quelques sons particuliers, tels que les deux *gg* des Italiens, leur *gl* mouillé, leur *zz*; le *ch* des Espagnols, leur *ll* mouillé, leur *ñ*, &c. la différence sera necessairement portée plus loin encore.

Opérations par l'ancienne méthode... 619.

CE S-y-s-t-è-me d-ont les e-x-pe-r-ien-ces ont é-t-é f-ai-tes aux d-é-p-ens d-u G-ou-ve-rn-em-ent, o-ff-re l'-a-v-ant-a-ge de d-im-in-uer le t-r-a-v-a-il & les f-r-ais de *c-omp-os-it-ion*, de *c-o-rr-ect-ion* & de *d-ist-r-i-b-ut-ion*. A-ve-c le s-im-p-le se-c-ou-rs des l-i-g-at-u-res im-a-g-in-ées p-ou-r l-a L-an-gue F-r-an-ç-oi-se, il y au-r-oit d-ès à p-r-és-ent s-u-r t-ou-tes les aut-res L-an-gues m-o-rt-es ou v-i-v-an-tes, p-r-ès de m-oit-ié de g-ain. Q-u-and l'A-ut-eur au-r-a p-u f-ai-re s-u-r ch-ac-u-ne les m-ê-mes e-ss-ais qu-i l-ui ont s-er-v-i d-ans l-a s-ie-nne à f-ix-er le t-ot-a-l des l-i-g-at-u-res ut-i-les; l-o-rs-qu'-il c-o-nn-oit-r-a l-a f-r-é-qu-en-ce de ce-rt-ai-nes s-y-ll-a-bes, & ce-lle de que-l-ques s-ons p-a-rt-ic-ul-iers, te-ls que les d-eux *gg* des I-t-a-l-iens, leu-r *gl* m-ou-ill-é, leu-r *zz*; le *ch* des E-s-p-a-gn-o-ls, leu-r *ll* m-ou-ill-é, leu-r *ñ*, &c. l-a d-i-ff-ér-en-ce se-r-a ne-ce-ss-ai-re-ment p-o-rt-ée p-l-us l-oin en-c-o-re.

Opérations par la méthode proposée............ 374.

RÉCAPITULATION.

	NOMBRE d'Opérations.	DURÉE DU TRAVAIL. COMPOSITION.	CORRECTION.	DISTRIBUTION.	TOTAL DES ARTICLES ci-contre.
Ancienne méthode...	619.	43′ 19″ 48‴	18′ 3″ 15‴	10′ 49″ 57‴	1h 12′ 13″ 0‴
Méthode proposée...	374.	26. 10. 48.	10. 54. 30.	6. 32. 42.	0. 43. 38. 0.
Différence.......	245.	17. 9. 0.	7. 8. 45.	4. 17. 15.	Gain..... 0. 28. 35. 0

AVANTAGE DES LIGATURES PROPOSÉES,

démontré par l'avantage des Ligatures exiſtantes.

Eſſai ſur une page *in-12* de caractère *Saint-Auguſtin.*

Page de 729 opérations par l'ancienne méthode, réduite, pour la ſeule compoſition, par la méthode propoſée, à 408.	*Nombre des lettres de chacune des lignes de la page ci-contre & de la page ci-après.*				*Compoſition qui faite avec ou ſans ligatures, prouve le gain que donne la méthode propoſée ſur la page ci-contre.*
	INDICATION des lignes.	NOMBRE de caractères des ligatures.	NOMBRE des caractères iſolés.	TOTAL des caractères de chaque ligne.	
trois chapitres qui, pour parler ainſi,	1	22	12	34.	ct a b & ſſ c d fi e f ff g h ffl ſi i j ſſi ct ſſ k l
ſervent de texte à tous les autres :	2	24	5	29.	ſſ ſt k w l ct m & ſſ fi n ffi o ffl ſi &
je veux dire ceux de la Pronon-	3	16	9	25.	ſſ q ſſ r s ſt t u ẇ x y ct z & a ff fi
ciation, de l'Orthographe & de la	4	19	9	28.	ffi c ffl d e ſi f ſſ g ſſi h ſt i j w k &
Poëſie. Ces trois Chapitres, quoi-	5	20	10	30.	ct l m & ſſi n o fi p q ſſi r s ffl ſi t u ſſi
que moins longs qu'à l'ordinaire,	6	24	5	29.	ſt w x ct y & z ff fi ffi a ſſ b ſi ſſ ſſi
ſont beaucoup plus étendus : ils	7	20	7	27.	ſt d w e ct f & g ſſ fi h ff i ſſ j ſi ſſ
ſont plus étendus, parce qu'ils ren-	8	20	11	31.	ſſi l ſt m w u ct o & p q ff r fi s ffi t ffl u
ferment une quantité de remarques	9	23	6	29.	ſi ſſ x ſſi y ſt z w ct & a ſſ b fi c ff fi
néceſſaires, échappées à l'érudition	10	25	8	33.	ffl d ſi e ſſ f ſſi g ſt w ct h & i ſſ j fi k ffi
& à l'exactitude de quelques Gram-	11	17	11	28.	ffi l m ffl n ſi o p ſſ q r ſſi s ſt t u w a
mairiens : ils ſont plus courts, parce	12	21	11	32.	ct x & y ff z fi a ffi b c ffl d ſi e ſſ ſ ſſi g v
que les mêmes règles ne s'y trou-	13	18	9	27.	ſt h w i ct j & k ff fi l ffi m ffl n o a
vent jamais répétées. Celles qui ne	14	20	10	30.	ſſi p q ſt r w r s ct u a & b c ff d fi ffi &
regardent que la Prononciation,	15	20	7	27.	ffl i ſſi j ſt w t ct k & ſſ l ſi & m n
n'entrent point dans le chapitre de	16	28	2	30.	ffi m ffl ſſi n ſſ ſſi ſt w ct & ff fi &
l'Orthographe ; & celles qui ſont	17	20	8	28.	ffi s ffl t u ſſi v ſſ x y ſſi z ſt a w &
partie de l'Orthographe & de la Pro-	18	17	13	30.	ct d e & fi g ff h l fi j k ffi l m ffl n o ſi p
nonciation, ne ſont point inſérées	19	24	6	30.	ſſ ſſi p ſt q w r ct & ff s fi ffi u ff a ſi
dans celui de la Poëſie : on doit être	20	22	8	30.	ſſi v ſſi x ſt y w z ct a & b ffi c ffi d &
Grammairien quand on veut faire	21	22	5	27.	ffi ff e ſi f ſſ ſſi ſt w g ct h & ff a
des vers. Enfin les principes qui	22	17	10	27.	fi i j ffi k ffl l m ſi n o ſſ p ſſi q r ſt
concernent quelqu'un de ces trois	23	25	4	29.	w ct s & ff t fi ff ſſ ſi u ſſ ſſi v ſt &
articles, ſont ſoigneuſement renfer-	24	26	7	33.	w ct x & y ff z fi ffi ffl ſi a ſſ b ſſ c ſt w d
més dans chacun d'eux. On ne les	25	21	5	26.	ct & d ff e fi ff f ff ſi g ſſ h ſſi &
Les ligatures de la page propoſée ſont au nombre de.......... 210. Et les caractères iſolés au nombre de................. 198. TOTAL des opérations par la méthode propoſée........ 408.		531.	198. 531. 729.	729.	Les ligatures de la page ci-deſſus, au nombre de 238, par cette raiſon que les plus fortes n'embraſſent que trois lettres, ſeront réduites, lors de l'exiſtence de celles qu'on propoſe, à.......................... 210. Les lettres iſolées y ſont au nombre de 198. TOTAL des opérations par la méthode propoſée.................... 408.

PREUVE du gain, ſans comprendre celui ſur la correction.

	NOMBRE d'Opérations.	DURÉE DU TRAVAIL. COMPOSITION.	DURÉE DU TRAVAIL. DISTRIBUTION.	TOTAL DES ARTICLES ci-contre.
Ancienne méthode....................	729.	51′ 1″ 48‴	12′ 45″ 27‴	1ʰ 3′ 47″ 15‴
Méthode propoſée....................	408.	28. 33. 36.	7. 8. 24.	0. 35. 42. 0.
Différence..........................	321.	22. 28. 12.	5. 37. 3.	Gain........ 0. 28. 5. 15.

CINQ TABLES

DE

QUATRE CENTS QUATRE-VINGT-DIX-HUIT

CARACTÈRES COMPOSÉS

Qui dans notre Langue, ne repréſentent que des ſons ſimples.

I.ere TABLE.

Combinaisons de deux Lettres au nombre de cent-cinq.

COMBINAISONS.	NOMBRE de fois qu'elles sont revenues.	MOTS où elles se trouvent.
ac	185.	tabac.
ai	1145.	le mois de Mai, je dirai.
aî	125.	naître, traître.
am	357.	amputer, amplifier, Adam.
an	1885.	antérieur, un an.
ap	270.	drap.
as	626.	bas, bras.
at	1116.	combat.
ât	280.	apât, qu'il allât.
au	1599.	*article* ou *préposition.*
ay	240.	ayant.
be	286.	robe, gerbe.
c'	174.	c'est, c'en est fait.
cc	288.	accorder.
ce	2994.	*pronom démonstratif.*
ch	1314.	chérir, Melchisedech.
ck	136.	Danemarck.
cs	142.	des sacs, Grecs.
d'	1474.	d'où, d'après.
de	6966.	*article* ou *préposition.*
ea	104.	il songea, il rangea.
ée	749.	année, durée.
ei	274.	neige, peine, Reine.
em	665.	embraser.
en	3342.	*pronom* ou *préposition.*
er	2599.	berger, leger, aimer.
es	987.	*présent indicatif du verbe* être.

Iere TABLE.

Suite des Combinaisons de deux Lettres, &c.

COMBINAISONS.	NOMBRE de fois qu'elles sont revenues.	MOTS où elles se trouvent.
és.	707.	imprimés, marqués.
ès.	623.	succès, près.
et.	377.	sujet, projet, il met.
êt.	319.	arrêt, intérêt.
eu.	632.	il a eu.
ez.	246.	assez, venez.
fe.	208.	je ferai, golfe.
fs.	141.	vifs, actifs, brefs.
ge.	830.	âge, il change.
gn.	341.	gagner, signifier.
gu.	195.	guérir, guide.
ha	344.	habit, hardi.
he.	210.	hermite.
hé.	104.	hérissé, hélas!
hi.	117.	trahi, envahi.
ho.	258.	horreur, honnête.
ia.	209.	il allia, opiate, liasse.
ic.	113.	aspic.
id.	177.	nid.
ie.	871.	vie, il prie, ciel.
ié.	388.	amitié, pitié.
iè.	401.	nièce.
il.	1442.	outil, fusil.
im	381.	Joachim, important.
in.	1641.	vin, lin, crin, fin, infini.
io.	111.	fiole, babiole.
is	858.	dis, lis, définis.

Iere TABLE.

Suite des Combinaisons de deux Lettres, &c.

COMBINAISONS.	NOMBRE de fois qu'elles sont revenues.	MOTS où elles se trouvent.
it	1360.	au lit, il dit.
je	187.	*pronom personnel.*
l'	2243.	l'homme, l'amour.
le	4155.	*article défini.*
ll	573.	alliance.
ls	321.	autels, quels.
me	1192.	forme, ame.
mm	458.	commode.
n'	403.	n'en vouloir pas.
ne	2085.	*négation.*
nn	568.	anneau, donner.
oc	98.	croc.
œu	84.	œuvre.
oi	1457.	toi, moi, emploi.
ol	464.	sol, mol, col, fol.
om	869.	nom, surnom.
on	3014.	*pronom indéfini.*
op	263.	trop, sirop.
os	451.	repos, le dos, les os.
ot	242.	mot, dévot.
ôt	221.	bientôt, aussitôt.
ou	4416.	*particule disjonctive.*
où	303.	*adverbe de lieu.*
oy	308.	Fontenoy, royaume.
pe	564.	troupe, Pape.
ph	190.	Joseph, physique.
pp	285.	opprimer, appas.

Iere TABLE.

Suite des Combinaisons de deux Lettres, &c.

COMBINAISONS.	NOMBRE de fois qu'elles sont revenues.	MOTS où elles se trouvent.
pt................	122.	sept, ptisanne.
qu................	1916.	quoi, quand.
rd................	678.	regard, lourd, sourd.
re................	4923.	père, mère, adore.
rg................	192.	faubourg.
rn................	216.	Béarn.
rr................	390.	arriver.
rs................	1365.	discours, épars.
rt................	1470.	sort, fort, offert, art.
s'................	481.	s'en aller, s'étendre.
se................	1762.	aise, base, qu'il plaise.
te................	1791.	il porte, note.
th................	155.	Élisabeth, anathème.
tt................	438.	attendre, attirer.
ua................	96.	il tua, il attribua.
ue................	431.	vue, écuelle, actuelle.
ué................	158.	tué, argué.
ui................	1215.	celui, Suisse.
un................	1339.	*article* ou *nom de nombre.*
us................	1325.	je crus, plus, abus.
ut................	839.	tribut, il fut.
ve................	1178.	grave, sève, preuve.
xe................	105.	axe, fixe.
ze................	87.	gaze, topaze.

II.e TABLE.

Combinaiſons de trois Lettres au nombre de cent-huit.

COMBINAISONS.	NOMBRE de fois qu'elles ſont revenues.	MOTS où elles ſe trouvent.
act	171.	contract.
aie	141.	j'aie, vraie.
aim	146.	faim, eſſaim.
ain	281.	main, pain.
ais	399.	mais, tu fais.
ait	319.	lait, fait.
aix	138.	paix, faix.
amp	174.	camp, champ.
anc	151.	blanc, franc.
and	470.	grand.
ang	179.	ſang, rang.
ans	1100.	ſans, *prépoſition.*
ant	959.	avant.
ats	176.	débats.
aud	141.	chaud.
aut	529.	défaut, il faut.
aux	464.	*article défini.*
bes	267.	tu tombes, Arabes.
ces	467.	forces, places.
che	493.	marche, chemin.
des	1178.	gardes, cordes.
ean	151.	Jean, *nom propre.*
eau	261.	anneau, beau.
ées	235.	années, aimées.
ein	192.	plein, ſein.
ems	206.	tems.
end	525.	prend, differend.

II.e TABLE.

Suite des Combinaiſons de trois Lettres, &c.

COMBINAISONS.	NOMBRE de fois qu'elles ſont revenues.	MOTS où elles ſe trouvent.
ens.	367.	ſens, encens.
ent.	699.	prudent, inſolent.
ers.	273.	Angers, dangers.
eſt.	825.	*préſent indicatif du verbe* être.
ets.	152.	ſujets, chenets.
eut.	243.	*prétérit du verbe* avoir.
eût.	123.	*futur conditionnel du verbe* avoir.
eux.	396.	*pronom perſonnel.*
fai.	199.	faiſoit, faiſant.
feu.	115.	le feu Roi.
ges.	196.	ſages, Mages.
geu.	101.	rougeur.
gne.	290.	règne, montagne.
gue.	147.	fatigue, brigue.
ham.	143.	hampe, *inſtrument.*
hau.	130.	hauteur.
heu.	122.	heure, malheur.
hon.	121.	honte, Mahon.
hui.	175.	aujourd'hui.
ied.	136.	pied.
ien.	342.	bien, rien, tien.
ier.	345.	premier, officier.
ies.	174.	poulies, tu cries.
ieu.	378.	Dieu, lieu, pieu.
ill.	173.	mouiller, raillant.
ils.	343.	outils, fuſils, gentils.
ins.	159.	tu vins.

II.e

II.e TABLE.

Suite des Combinaisons de trois Lettres, &c.

COMBINAISONS.	NOMBRE de fois qu'elles sont revenues.	MOTS où elles se trouvent.
int.	152.	il vint.
ion.	740.	action, champion.
its.	108.	habits.
les.	2007.	tu parles, paroles.
leu.	356.	leur
lle.	603.	elle, celle.
mes.	182.	armes, charmes.
meu.	106.	meurt, ameuter.
mme.	176.	comme, somme.
nes.	187.	bornes, chaînes.
neu.	119.	veneur.
nne.	204.	bonne, il sonne.
oie.	154.	soie, voie.
oin.	116.	loin, soin.
ois.	618.	trois, tu crois, tu étois.
oit.	1010.	il croit, il étoit, étroit.
oît.	119.	il croît, il s'accroît.
oix.	101.	voix, loix.
omb.	179.	plomb.
omp.	187.	compte.
onc.	195.	jonc.
ond.	222.	fond, rond.
ong.	135.	long.
ons.	163.	raisons, nous faisons.
ont.	1099.	*présent indicatif du verbe* avoir.
oue.	135.	il échoue, il joue.
oup.	141.	coup, loup.

II.e TABLE.

Suite des Combinaiſons de trois Lettres, &c.

COMBINAISONS.	NOMBRE de fois qu'elles ſont revenues.	MOTS où elles ſe trouvent.
ous.	477.	vous, deſſous.
out.	328.	tout, diſſout.
pes.	179.	troupes, tu coupes.
peu.	165.	*adverbe.*
phe.	134.	philoſophe.
ppe.	176.	frappe.
qu'.	938.	qu'il, qu'en.
que.	1607.	*pronom conjonctif.*
rds.	118.	regards, égards.
res.	715.	mères, chères.
reu.	207.	coureur.
rps.	169.	corps.
rre.	237.	terre, guerre, tonnerre.
rts.	137.	efforts, déſerts.
ſes.	328.	cauſes, choſes, tu oſes.
ſeu.	119.	priſeur, ſeul.
ſſe.	330.	preſſe, chaſſe.
tes.	286.	cartes, ſortes.
teu.	92.	auteur, acteur.
tte.	364.	cotte, dette.
uer.	117.	tuer, ſuer.
ues.	132.	vues, rues.
uis.	226.	depuis, je ſuis.
uit.	134.	nuit, il fuit.
uns.	120.	les uns, communs.
ves.	118.	preuves, tu prouves.
veu.	100.	aveu, ils veulent.

III.e TABLE.

Combinaiſons de quatre Lettres au nombre de quarante-cinq.

Combinaisons.	Nombre de fois qu'elles ſont revenues.	Mots où elles ſe trouvent.
ains	525.	mains, tu crains.
aint	520.	il craint, Saint.
aits	419.	attraits, faits.
ands	351.	grands.
cent	470.	ils commencent.
ches	494.	mouches, tu touches.
dent	309.	ils demandent.
eaux	555.	tombeaux.
eins	348.	deſſeins, tu feins.
ents	448.	les dents, deux cents.
gent	315.	ils changent.
gnes	437.	compagnes, tu éloignes.
gneu	434.	Seigneur.
gues	436.	orgues, intrigues.
haut	441.	le Très-haut.
huit	322.	huit cents.
ieds	318.	pieds.
iens	552.	miens, impatiens.
ient	559.	ils crient, il vient, impatient.
iers	587.	Officiers, Chevaliers.
ieux	506.	Dieux, lieux.
ille	675.	vieille, feuille.
ingt	318.	vingt.
ions	604.	nous avions.
lent	420.	ils parlent.
lles	629.	elles, celles.
ment	1228.	ils aiment, ils arment.

III.e TABLE.

Suite des Combinaiſons de quatre Lettres, &c.

COMBINAISONS.	NOMBRE de fois qu'elles ſont revenues.	MOTS où elles ſe trouvent.
mmes.	524.	hommes, nous ſommes.
nent.	327.	ils bornent, ils deſtinent.
oids.	298.	poids.
oies.	280.	voies.
oins.	500.	moins.
oint.	605.	point.
oits.	447.	endroits, étroits.
ouis.	370.	Louis, je jouis.
peut.	498.	il peut.
ques.	672.	quelques.
rent.	875.	ils dirent, ils lurent.
rres.	321.	guerres.
ſent.	449.	ils diſent, ils penſent.
ſſes.	473.	fauſſes, tu embraſſes.
ſſeu.	306.	Profeſſeur.
tent.	466.	ils partent, ils portent.
ttes.	301.	bottes, tu frottes.
vent.	457.	ils bravent, ils peuvent.

IV.e TABLE.

Combinaiſons de cinq Lettres au nombre de ſept.

COMBINAISONS.	NOMBRE de fois qu'elles ſont revenues.	MOTS où elles ſe trouvent.
illes.	148.	vieilles, feuilles.
illeu.	124.	ailleurs, railleurs.
mment.	127.	ils conſomment.
nnent.	133.	ils prennent.
oient.	475.	ils aimoient.
oints.	92.	joints, deux points.
ſſent.	135.	ils paſſent, ils preſſent.

I.ere TABLE.*

Ligatures ou combinaiſons retranchées.

COMBINAISONS.	NOMBRE de fois qu'elles ſont revenues.	MOTS où elles ſe trouvent.
ah!	9.	*exclamation.*
bb	3.	Abbaye, Abbé.
dt	3.	Harmſtadt.
ef	8.	clef, chef-d'œuvre.
eo	4.	Geolier.
eû	5.	jeûne auſtère.
ey	2.	Fey, *nom propre.*
hâ	6.	hâte, château.
hê	5.	hêtre.
hu	11.	humilier.
hy	2.	hydre.
if	6.	aprentif.
ïs	3.	païs.
ît	7.	qu'il vît.
ix	6.	prix, perdrix.
j'	11.	j'en ai.
jeu	6.	jeune.
m'	5.	m'en.
oë	9.	poëte.
oh!	6.	*exclamation.*
oî	3.	croître.
r'	3.	entr'eux.
rh	2.	rhume.
ſc	5.	ſcène.
ſç	3.	ſçavoir.
t'	9.	t'entendre.
ud	7.	nud, crud.

I.ere TABLE.

Suite des Combinaisons retranchées.

Combinaisons.	Nombre de fois qu'elles sont revenues.	Mots où elles se trouvent.
u'.................	5.	Qu'il.
üe.................	6.	aigüe, cigüe.
ul.................	2.	cul de lampe.
um.................	5.	parfum.
ût.................	11.	qu'il fût.
uy.................	1.	Dupuy, } *noms propres.*
ya.................	8.	Bayard, } *noms propres.*
ye.................	3.	Blaye.... } *noms propres.*
ym.................	7.	nymphe
yo.................	7.	Bayonne.
ach.................	4.	almanach
acs.................	9.	tabacs.
aid.................	1.	laid.
aps.................	6.	draps.
aye.................	9.	claye.
bœu.................	6.	bœuf.
deu.................	9.	ardeur.
eai.................	10.	un geai, je changeai.
eas.................	11.	tu engageas.
eât.................	4.	qu'il mangeât.
ect.................	8.	respect.
efs.................	9.	clefs.
eim.................	9.	Reims.
ept.................	11.	sept mille.
êts.................	6.	arrêts, intérêts.
eue, eus.................	11.	*participes du verbe* avoir.
fes.................	1.	golfes.

I.ere

Iere TABLE.

Suite des Combinaisons retranchées.

COMBINAISONS.	NOMBRE de fois qu'elles sont revenues.	MOTS où elles se trouvent.
ffe	7.	agraffe, coëffe.
hai	5.	haine.
han	8.	Chancelier.
hem	6.	*interjection.*
hen	5.	hendégagone, hendécasyllabe.
hie	7.	trahie, envahie.
hin	5.	Rhin, *fleuve.*
his	8.	ébahis.
hit	9.	il trahit.
hît	5.	qu'il trahît.
hœu	9.	Chœur.
hot	5.	cahot.
hou	8.	houblon, houris.
hum	11.	humble.
iai	6.	je liai, biaiser.
ian	8.	viande.
iat	5.	ratafiat.
ics	1.	aspics.
ids	2.	nids.
iée	1.	mariée.
iés	6.	piés.
iet	5.	inquiet.
iez	6.	vous variez.
inq	6.	cinq cents.
ist	2.	Jésus-Christ.
mœu	3.	mœurs.
ocs	8.	crocs, accrocs.

I.ere TABLE.

Suite des Combinaisons retranchées.

COMBINAISONS.	NOMBRE de fois qu'elles sont revenues.	MOTS où elles se trouvent.
œud	6.	Nœud.
œux	2.	vœux.
oid	5.	froid.
ols	6.	cols, fols, sols.
oms	2.	noms, pronoms.
oth	5.	Goth, Ostrogoth.
ots	1.	mots, dévots, sots.
ôts	5.	impôts, dépôts.
oua	9.	il avoua, il échoua.
oud	4.	cloud.
oué	8.	baffoué, joué.
oui	3.	enfoui, joui.
oût	6.	goût, dégoût.
oux	11.	doux, jaloux.
oye	2.	j'envoye, que je croye.
sœu	1.	sœur.
the	3.	Marthe, Malthe.
uai	4.	je saluai.
uan	9.	buanderie, puanteur.
uât	4.	qu'il remuât, attribuât.
uds	7.	nuds, cruds.
uée	4.	tuée.
ués	8.	remués.
uie	8.	pluie.
uin	5.	Juin.
uls	3.	culs de lampe.
ums	8.	parfums.

I.ere TABLE.

Suite des Combinaisons retranchées.

COMBINAISONS.	NOMBRE de fois qu'elles sont revenues.	MOTS où elles se trouvent.
unt.	2.	emprunt, défunt.
uts.	11.	tributs, attributs.
uye.	3.	que j'appuye.
vœu.	5.	un vœu.
xes.	3.	tu taxes, tu fixes.
yan.	7.	fayance.
yen.	6.	payen.
yeu.	8.	moyeu.
zes.	1.	gazes, topazes.
achs.	8.	almanachs.
acts.	1.	exacts.
aids.	1.	laids.
aims.	1.	essaims.
amps.	2.	champs.
ancs.	1.	blancs.
angs.	8.	rangs.
ants.	1.	chants, méchants.
aoul.	7.	saoul.
auds.	3.	chauds.
auld.	6.	Arnauld, *nom propre.*
ault.	8.	Thibault, *ibidem.*
aulx.	7.	faulx.
auts.	4.	défauts.
ayes.	6.	clayes.
bent.	1.	ils tombent.
cheu.	8.	accoucheur.
eant.	6.	changeant.

I.ère TABLE.

Suite des Combinaïſons retranchées.

Combinaisons.	Nombre de fois qu'elles sont revenues.	Mots où elles se trouvent.
ects	2.	reſpects.
eint	9.	peint, feint.
ends	7.	différends.
eues	3.	*participe plurier féminin.*
ffes	7.	agraffes.
ffeu	5.	coëffeur.
hais	6.	tu hais.
hait	4.	ſouhait.
hant	8.	Chant.

III. TABLE.

Combinaisons retranchées.

COMBINAISONS.	NOMBRE de fois qu'elles sont revenues.	MOTS où elles se trouvent.
hien	3.	Chien.
hies	6.	trahies.
huis	1.	huis, *porte.*
iais	7.	biais, niais.
iant	2.	liant.
iats	5.	ratafiats.
iées	4.	liées.
iets	9.	inquiets.
ieue	4.	lieue.
ioit	6.	il rioit, il lioit.
lheu	4.	malheur.
meut	2.	il se meut.
nnes	6.	bonnes, personnes.
nneu	4.	honneur.
nœud	4.	un nœud *fatal.*
œuds	8.	nœuds.
oigt	4.	doigt.
oing	6.	poing.
ombs	9.	plombs.
omps	9.	tu romps.
ompt	6.	prompt.
oncs	6.	les joncs d'*Hollande.*
onds	6.	fonds, ronds.
ongs	9.	longs.
onts	5.	ponts, les fonts baptismaux.
oths	7.	Goths.
ouai	5.	je jouai, je louai.

II.e TABLE.

Suite des Combinaiſons retranchées.

COMBINAISONS.	NOMBRE de fois qu'elles ſont revenues.	MOTS où elles ſe trouvent.
ouée	5.	douée, nouée, louée.
oués	5.	voués, avoués.
oues	7.	les joues.
ouet	3.	fouet, jouet.
ouin	5.	Baudouin, *nom propre.*
ouit	2.	il jouit, il ſe réjouit.
ouît	3.	qu'il jouît
oups	3.	coups, loups.
oyes	6.	des oyes, tu envoyes.
pent	9.	ils rompent, ils campent.
phes	5.	nymphes, philoſophes.
ppes	6.	tu frappes.
thes	1.	les Scythes, les Parthes.
uant	6.	remuant, attribuant.
uées	7.	nuées.
uent	3.	ils tuent.
uies	6.	pluies.
uits	2.	puits, réduits.
unts	1.	défunts, emprunts.
uyes	5.	tu eſſuyes.
xent	6.	ils fixent.
yens	2.	payens.
yeux	5.	les yeux, Bayeux.
aient	4.	qu'ils aient.
aints	8	Saints, craints.
aouls	3.	ſaouls.
ayent	3.	ils payent, ils eſſayent.

II.e TABLE.

Suite des Combinaiſons retranchées.

COMBINAISONS.	NOMBRE de fois qu'elles ſont revenues.	MOTS où elles ſe trouvent.
chent	3.	ils touchent, ils marchent.
eants	9.	changeants.
eints	3.	peints, teints,
ffent	5.	ils étouffent.
gnent	3.	ils craignent.
guent	7.	ils fatiguent.
haies	6.	raies, haies.
haits	1.	ſouhaits.
hants	6.	Chants.
hauts	5.	hauts, *élevés.*
hiens	9.	Chiens.
ieues	3.	lieues.
llent	2.	ils emballent.
oigts	5.	doigts.
oings	3.	poings.
ompts	9.	prompts.
ouées	7.	clouées, douées.
ouent	6.	ils nouent.
ouets	2.	fouets.
ouies	1.	inouies.
ouins	5.	Malouins, marſouins.
oyent	6.	ils nettoyent.
ppent	2.	ils attrappent.
quent	5.	ils manquent.
ttent	4.	ils flottent.
uants	8.	remuants.
uyent	3.	ils s'ennuyent.

II. TABLE.

Suite des Combinaisons retranchées.

COMBINAISONS.	NOMBRE de fois qu'elles sont revenues.	MOTS où elles se trouvent.
illent	3.	ils baillent.
illons	9.	bouillons.
uoient	8.	ils suoient.
ouoient	4.	ils louoient.

VINGT-UN

VINGT-UN TITRES

DE

CENT TROIS AUTRES TABLES

ET DE

HUIT DESSINS,

Qui composent le reste de l'Ouvrage.

TITRES ET TABLES
Qui composent le reste de l'Ouvrage.

DIFFÉRENCE
Du nombre des opérations par l'ancienne & la nouvelle Méthode, avant la suppression des Ligatures moins utiles, présentée en cinq Tableaux.

DIFFÉRENCE
Du nombre des opérations par la nouvelle Méthode, avant & depuis la suppression des Ligatures moins utiles, présentée en cinq Tableaux.

VINGT-UN TABLEAUX,
Dans lesquels on trouve, outre le nombre des opérations, la différence du temps nécessaire, suivant les deux systèmes, pour la composition, *la* correction *& la* distribution *des vingt feuilles; précédés d'une Table de la durée de la Composition, par l'ancienne & la nouvelle Méthode.*

QUATRE TABLES,
Où l'on trouve le nombre de fois que sont entrés, dans la composition des vingt feuilles, les caractères simples &

réunis qui appartiennent à l'ancienne Méthode; avec une récapitulation générale de ces mêmes caractères.

QUATRE TABLES,

Où l'on trouve le nombre de fois que sont entrés dans la composition de vingt autres feuilles, les caractères simples & réunis qui appartiennent à l'ancienne Méthode; avec deux Tableaux qui prouvent le degré de variation du retour de ces mêmes caractères.

ÉTAT DES CARACTÈRES

Simples & réunis, qui sont entrés dans la composition des vingt feuilles, par la nouvelle Méthode, divisé en vingt Tableaux.

DIX TABLEAUX

Des Lettres réunies dans les Combinaisons ou Ligatures des vingt feuilles, & du montant des caractères simples & composés, qui appartiennent aux deux Méthodes; avec une récapitulation générale, & le résultat de cette récapitulation.

QUATRE TABLES,

Où l'on trouve le nombre de fois que sont entrés dans la composition des vingt feuilles, par le nouveau Système, trente-quatre des caractères qui appartiennent aux deux Méthodes.

QUATORZE TABLES,

Du nombre de fois que sont entrées les Combinaisons ou Ligatures de deux, de trois, de quatre & de cinq Lettres; avec quatre récapitulations particulières, une récapitulation générale, & une autre récapitulàtion de ces mêmes Ligatures, considérées quant au nombre de fois qu'elles sont entrées dans chaque feuille, & à celui des caractères qui les composent.

ANCIENNE MÉTHODE.

POLICE de cent milliers de Lettres, démontrée fausse.

TARIF

De Caractères pour trois feuilles par la Méthode proposée, compare avec la Police précédente.

CASSE ORDINAIRE.

Cassetins semblables & fréquence différente.
Frequence semblable & cassetins differens.

ERRATA.

Méthode ordinaire.	*Méthode proposée.*

PLANCHES.

ERRATA.

PAGE 14, *après ces mots de la note (h)*, d'en ſubſtituer une à une autre, *ajoutez l'article ſuivant :* La variété des procédés qu'on peut employer par notre Méthode, doit être miſe au nombre de ſes avantages. Si l'orthographe de l'œil ſe trouvoit, comme l'orthographe de l'oreille, aſſujettie à des règles fixes, l'attention de l'ouvrier ſeroit preſque auſſi fatiguée que s'il compoſoit lettre à lettre. Mais les moyens divers que préſente la Méthode nouvelle, écartent toutes les entraves. C'eſt ce qu'on voit dans l'une ou l'autre manière de compoſer les mots ci-après :

am-us-em-ent.	am-u-se-ment.
a-ttent-ions.	at-tent-ions.
a-v-anc-em-ent.	a-v-an-ce-ment.
c-o-mm-and-em-ent.	c-om-m-an-de-ment.
c-om-m-en-ce-ment.	c-o-mme-n-ce-ment.
c-ons-ent-em-ent.	c-on-ſent-e-ment.

www.ingramcontent.com/pod-product-compliance
Lightning Source LLC
La Vergne TN
LVHW020451230826
846091LV00004B/1645

* 9 7 8 2 0 1 6 1 2 9 2 3 4 *